Eu sou glorificado neles

Antonio Donghi

Eu sou glorificado neles

A oração sacerdotal de Jesus na oração eucarística

tradução:
Silva Debetto C. Reis

Edições Loyola

Título original:
Io sono glorificato in loro

ISBN 88-209-7641-2

Preparação: Rita Lopes
Projeto Gráfico: Ronaldo Hideo Inoue
Revisão: Renato da Rocha

Edições Loyola
Rua 1822, 347 – Ipiranga
04216-000 São Paulo, SP
Caixa Postal 42.335 – 04218-970 São Paulo, SP
T 55 11 2914 1922
F 55 11 2063 4275
editorial@loyola.com.br
vendas@loyola.com.br
www.loyola.com.br

ISBN 978-85-15-03622-6

Sumário

Invocação a Jesus Cristo

Jesus,
nosso Senhor e nosso Mestre,
tu nos fazes, instante a instante,
discípulos do Batista,
a fim de estarmos prontos para escutar a voz:
"Vinde e vede",
e para predispor-nos a contemplar com espanto
as maravilhas pascais do Pai.

Abre os nossos corações
para que sejamos inundados
pelo Espírito
que nos introduz na verdade inteira,
do sangue
que nos inebria do querer do Pai,
da água,
que jorra para a vida eterna.

Dá-nos a docilidade ao Espírito
para construir, no querer divino,
cada instante de nossa história.
Como os primeiros discípulos,
possamos permanecer contigo

em cada tarde da vida,
para não recair nas trevas do erro;
assim cantaremos
com simplicidade de coração:
"Somente tu tens palavras de vida eterna".

Faze que, fixando o olhar
em ti, que transpassaram,
demos testemunho daquilo que vemos
e nos tornemos livro vivo,
de modo que cada irmão
creia que tu és o Cristo, o Filho de Deus,
e, crendo, tenha a vida em teu nome.
Amém.

Introdução

João Paulo II assim introduz a carta encíclica sobre a Eucaristia em sua relação com a Igreja: "A Igreja vive da Eucaristia. Esta verdade não apenas exprime uma experiência diária de fé, mas contém em síntese o próprio núcleo do mistério da Igreja. É com alegria que ela experimenta de diversas maneiras a realização incessante da promessa: 'Eis que estou convosco todos os dias, até o fim do mundo' (Mt 28,20); mas, na sagrada Eucaristia, pela conversão do pão e do vinho no corpo e no sangue do Senhor, goza dessa presença com uma intensidade sem par. Desde Pentecostes, quando a Igreja, povo da nova aliança, iniciou sua peregrinação para a pátria celeste, esse sacramento divino foi ritmando seus dias, enchendo-os de consoladora esperança. O Concílio Vaticano II afirmou justamente que o sacrifício eucarístico é 'fonte e centro de toda a vida cristã'" (n. 1).

A celebração eucarística, em sua verdade, constrói-se em relação direta com Cristo, especialmente na oração eucarística, que nos torna jubilosamente contemporâneos do gesto de "dar graças" de Jesus na última ceia. É em deixar viver Jesus em nós e em permitir-lhe continuar sua luta pessoal em nossa existência cotidiana que podemos entrever as profundezas do mistério eucarístico. O desejo de conhecer verdadeiramente Jesus impele-nos a entrar naquela intensa oração do Cristo, para estar em comunhão com ele. Naquele rezar de Jesus, alcançamos a originalidade do evento cristão, aprendemos a rezar evangelicamente, saboreamos em Cristo o diálogo com o Pai, sentido importante da vida cotidiana de cada ser humano, e proclamamos nossa fé: somente em Cristo morto e ressuscitado, presente no hoje eucarístico, temos a alegria de ser verdadeiramente nós mesmos. Cada um de nós se sente chamado pelo Espírito Santo para viver a pessoa do Mestre em toda a sua originalidade, mediante o corajoso e libertador desejo de saborear e obedecer a Jesus, que assim se dirigiu aos discípulos e, neles, a cada um de nós: "Eu vos dei um exemplo, para que vós também façais como eu fiz. Eu vos afirmo, e esta é a verdade: não é o servidor maior que seu patrão, nem o enviado maior que aquele que o envia" (Jo 13,15-17).

A glória de alcançar a ação de graças de Jesus impele-nos a celebrar sacramentalmente a acolhida do evento da fé, para que dele brote um novo estilo de vida. O Ressuscitado deve ser o Vivente em nosso procedimento de todos os dias. No centro de nossa existência está uma Pessoa que é nossa contemporânea na fé celebrada e vivida.

A pessoa inteira do discípulo, pelo que é e pelo que faz, é a atual encarnação do Mestre, que continua a comunicar a si mesmo ao mundo por meio da linguagem crente, sacramental e testemunhal daqueles que a cada dia o seguem. Cada escolha moral nossa é destinada a ser uma profissão de fé na verdade e na originalidade de Cristo. Não existe nada de neutro em nossa existência cotidiana. Cada atitude nossa é uma nova e fecunda profissão de fé na soberania de Jesus morto e ressuscitado, que progressivamente nos transforma em si, para que possamos, progressivamente, aproximar-nos com simplicidade de coração da face inefável do Pai.

Em cada comportamento interior nosso, traduzimos o entusiasmo da Igreja apostólica, encarnado na profissão de fé de Pedro: "Senhor, a quem iremos? Tu tens palavras de vida eterna. E nós acreditamos e conhecemos que tu és o Santo de Deus" (Jo 6,68-69).

Reler nossa vida como uma viva profissão de fé no mistério pascal, à luz do mistério eucarístico celebrado e adorado, nada mais é senão traduzir na simplicidade do cotidiano a exultante alegria da viva e transformante relação do Mestre com cada um de nós, segundo a estimulante sugestão que o próprio Jesus nos oferece: "Mas quem pratica a verdade aproxima-se da luz para que suas obras apareçam, porque são feitas em Deus" (Jo 3,21). Aqui, recuperamos a verdade e a vitalidade de cada celebração eucarística, de cada "prática eucarística", de toda escolha que somente em Cristo adquire seu profundo significado.

Nesse horizonte, temos alegria de ser o lugar onde acontece a história da salvação, crescemos na consciência de sermos habitados pelas três Pessoas divinas, e aguardamos a esperança de cantar a nossa plena e definitiva comunhão na glória da Jerusalém celeste. Esse nosso caminho para entrar na ação de graças de Cristo, centro de toda celebração eucarística, será iluminado pela oração sacerdotal de Jesus na última ceia (cf. Jo 17), que podemos, de certa maneira, considerar a oração eucarística da Igreja joanina.

O esforço de construir o íntimo paralelismo entre as duas orações, a oração sacerdotal de Jesus e a oração eucarística, permite-nos intuir a presença do Orante divino, personalizar a mesma experiência pascal, dilatar os mesmos sentimentos do Mestre, dizer ao mundo que em seu "corpo dado" e em seu "sangue derramado" está a fonte da verdadeira vida e da autêntica alegria.

Devemos crescer no entusiasmo eucarístico, como nos indica o papa em sua encíclica.

Elevando os olhos ao céu, disse...

O primeiro passo para alcançar a fecundidade da oração eucarística é entrar na gestualidade orante de Jesus, para entrever as profundezas de sua relação com o Pai e com os discípulos, e, neles, com a humanidade inteira.

Jesus, no caminho da Igreja joanina, entregou-nos seu testamento por meio da oração sacerdotal, para que os discípulos de todos os tempos e de cada espaço pudessem alcançar sua interioridade e amadurecer na verdadeira experiência humana, em sintonia com os planos do Pai.

Esse intenso desejo estimula-nos a perceber de que modo a celebração eucarística, celebração do "Fazei isto em memória de mim", é a inebriação de uma comunhão orante com o Mestre.

Esse estilo joanino reporta-se a um esquema já presente no Antigo Testamento, no qual os discursos de adeus se concluem e se sedimentam em uma intensa experiência de oração, que é uma formulação sintética do conteúdo inteiro deixado no testamento (cf. Dt 32–33). Não ocorre nenhuma verdade de fé que não se traduza na oração, visto que a coragem da fé vive de uma intensa relação com Deus, que, necessariamente, torna-se oração. A oração é o clima espiritual para a docilidade ao evento cristão que nos faz ser verdadeiramente cristãos: discípulos transfigurados na Páscoa de Jesus.

A oração sacerdotal mostra, no estilo orante de Jesus, as temáticas presentes no discurso de adeus da última ceia. João 17 é uma síntese na qual se sedimenta a alma do Evangelho de João, é uma oração na qual os discípulos são envolvidos no dinamismo que qualifica a relação entre o Pai e o Filho, é uma experiência na qual os batizados saboreiam a beleza e a fecundidade da vida de comunhão. Aí se encontram a beleza e o entusiasmo da fé. Essa verdade é extremamente atual também hoje. A oração eucarística traduz, para cada comunidade cristã, essa experiência original. No-lo recorda a introdução à narração da última ceia, que encontramos no Cânon Romano (ou primeira oração eucarística):

> "Na noite em que ia ser entregue,
> ele tomou o pão em suas mãos,
> elevou os olhos a vós, ó Pai,
> deu graças e o partiu
> e deu aos seus discípulos,
> dizendo...".

A participação sacramental e espiritual na atitude de Jesus, que eleva os olhos ao Pai, comunica-nos a condição vital para que a celebração seja verdadeiramente fecunda segundo o Espírito Santo, em qualquer tempo e espaço. O "realismo sacramental" dessa narração é o verdadeiro significado de todas as orações eucarísticas, é a fonte de toda experiência cristã, é a análise viva da atitude espiritual de cada comunidade que celebra os divinos mistérios.

Jesus em oração

Os evangelistas gostam de sublinhar o comportamento orante de Jesus, que ergue o olhar para o alto quando vai fazer alguma coisa importante.

Alguns exemplos são significativos:

"E, tendo mandado o povo se acomodar sobre a relva, tomou os cinco pães e os dois peixes, levantou seu olhar para o céu e recitou a fórmula da bênção. Em seguida, partiu os pães que deu aos discípulos, e eles os distribuíram ao povo" (Mt 14,19).

"Erguendo os olhos ao céu, deu um suspiro e disse-lhe: "Effatá", isto é, "Abre-te!" (Mc 7,34).

"Tiraram então a pedra. E Jesus, levantando os olhos para o céu, disse: "Pai, eu te dou graças por que me ouvistes" (Jo 11,41).

Esse comportamento de Jesus, que ergue o olhar para o Pai, e que revivemos nas palavras da oração eucarística, traduz o estilo interior do Mestre na construção das suas lutas terrenas: seu constante dirigir-se ao Pai para dar esperança ao ser humano. Captamos nas orações de Jesus sua vida espiritual, seu amor à liberdade do Pai na vida concreta, sua disponibilidade para encarnar o hoje da vontade divina. Ao deixar-nos envolver nessa experiência de Jesus, aprendemos lentamente a compreender o mistério inefável da celebração eucarística, a penetrar naquele mundo trinitário que representa o lugar no qual o ser humano é ele mesmo e torna-se cada vez mais ele próprio.

Três poderiam ser os aspectos que emergem da atitude de Jesus que tem os olhos voltados para o Pai, e que caracterizam nosso estilo orante no sacramento e na existência.

a. Seu desejo de comunhão

A vida inteira de Jesus foi marcada pelo desejo de viver em comunhão com o Pai. Tanta era a intimidade entre eles que Jesus nunca fazia ou dizia nada que não fosse a tradução daquilo que o Pai desejava ou lhe comunicava. No olhar erguido para o alto, percebe-se a atração do olhar interior de Jesus ao olhar do Pai para enfocar a intimidade relacional que existia entre os dois. Do alto tinha se manifestado sua vocação messiânica, na efusão do Espírito no batismo no Jordão, e para o alto Jesus ergue o olhar para dizer aos seres humanos que sua existência nascia do Pai para conduzir ao Pai cada pessoa, fazendo-a experimentar a salvação na atração para o alto, que é a árvore da cruz.

É belo observar como Jesus interpreta o próprio hoje histórico diante das acusações dos seus ouvintes: "... por que dizeis àquele a quem o Pai consagrou e enviou ao mundo: 'Tu blasfemas', só porque eu disse: 'Sou Filho de Deus?' Se não faço as obras do meu Pai, não acreditais em mim; mas se as faço, mesmo que não creiais em mim, acreditai em minhas obras, para que saibais uma vez por todas que o Pai está em mim e eu no Pai" (Jo 10,36-38).

Diante, pois, do problema do preceito do sábado, Jesus justifica assim seu agir: "Meu Pai continua a trabalhar até agora, por isso eu também trabalho... Eu vos afirmo, e esta é a verdade: o Filho nada pode fazer por si mesmo, a não ser o que vê o Pai fazer. Tudo o que ele fizer, fará igualmente o Filho" (Jo 5,17.19).

Essa primeira atitude orante de Jesus faz-nos compreender claramente que o testamento que ele nos quer oferecer só é compreensível mediante uma intensa e inesgotável sede de comunhão com o Pai. Quem, existencialmente, não ergue intimamente seu olhar para o alto não é capaz de acolher a fecundidade divina. O próprio rezar, em suas raízes mais profundas, só se torna verdadeiro se for ancorado em uma intensa relacionalidade de comunhão entre o Criador e as criaturas. Um rezar sem vida de comunhão é um som religioso de palavras ou de gestos, que resulta espiritualmente vazio.

b. A experiência da súplica

A verdade da comunhão orante se traduz na súplica, que nada mais é senão a expressão de uma profunda confiança e reciprocidade, e na profissão de fé da criatura, que não pode viver sem seu Criador.

É a experiência que o salmista nos oferece:

"Pois sempre que o busquei, ele me ouviu;
de todas as angústias me livrou.
Se olhardes para ele, brilhareis;
não sofrerão vergonha as vossas faces.
Um infeliz gritou, e Deus o escuta;
de todas as angústias ele o salva"
(Sl 33[34],5-7).

A beleza da vida de comunhão se encarna na atitude simples e sábia do gritar, que traduz a certeza de ser escutado. Quem vive em comunhão, nunca será desiludido, além do como a história poderia de fato encaminhar-se. Nunca devemos focalizar demais a nossa atenção no objeto de nossos pedidos na experiência da oração, mas alimentar aquele espírito de comunhão e de acolhida que nos projeta além dos fatos concretos e eventuais da vida.

A comunhão na verdadeira súplica crente é sempre mais aprofundada e fortalecida à medida que a alma amadurece na súplica orante.

Se percorrermos a oração sacerdotal de Jesus (Jo 17), poderemos entrever continuamente a atitude de súplica:

> "Agora, ó Pai, glorifica-me com a glória que eu tinha junto de ti, antes que existisse o mundo" (v. 5).
> "Rogo por eles..." (v. 9).
> "... Pai santo, guarda-os em teu Nome, o Nome que me deste..." (v. 11).
> "Não te peço que os tires do mundo, mas que os guardes do Maligno" (v. 15).
> "Consagra-os na verdade..." (v. 17).
> "... como tu estás em mim e eu em ti.... para que sejam um, como nós somos um" (v. 21.22).

Jesus gosta de morar na liberdade do Pai, e esse desejo se traduz na súplica.

c. A acolhida do hoje do Pai

A comunhão se realiza na obediência, e a súplica traduz o intenso desejo de querer abrir o coração ao hoje de Deus; a sede de invocação torna-se, antes de tudo, docilidade ao misterioso querer do Pai, para poder encarná-lo na história cotidiana, enquanto exprime a intensidade da experiência da fé. A súplica, com efeito, vive da fé, para torná-la fecunda no contexto da gratuidade e da liberdade divina, de modo que possa vir à luz um mundo novo.

A originalidade da oração cristã nada mais é senão o corajoso deixar-se plasmar pela criatividade divina, que o coração puro ama, para realizar as maravilhas divinas. Quem reza, gosta de ser a liberdade de Deus, que se torna o único verdadeiro parâmetro de toda invocação que pretenda ser cristã.

Jesus no-lo lembra ao oferecer-nos a exemplaridade de sua existência.

"Porque o Pai ama o Filho e mostra-lhe tudo o que faz. E lhe mostrará ainda coisas maiores que estas, das quais ficareis maravilhados" (Jo 5,20).

O Pai se revela a nós em uma experiência de fidelidade que transcende todo desejo e perspectiva humana, quando nosso coração vive somente dele e nele. O evento da ressurreição nos é revelado plenamente significativo a tal propósito. Não haverá verdadeira oração se não nascer de uma intensa consciência de que Deus é fiel. Nesse contexto, a invocação recupera toda a sua fecundidade. Na súplica orante, Jesus entra em intensa sintonia com o Pai, e a obediência radical a ele representa o início da fruição da nova vida, expressão da beleza e da fecundidade da ressurreição e da assunção à "direita do Pai".

É a promessa que Jesus faz aos seus discípulos (cf. Jo 1,51; 6,62), que nos discursos da última ceia assim se traduz: "Eu vos afirmo, e esta é a verdade: quem crê em mim fará as obras que eu faço. E fará até maiores, porque vou ao Pai, e o que pedirdes ao Pai em meu nome eu farei, para seja glorificado no Filho. Se me pedirdes algo em meu nome, eu o farei" (Jo 14,12-14).

O testamento de Jesus é uma oração

Jesus se entregou ao mundo inteiro por meio de uma oração, para que, pela inspiração do Evangelho de João, pudesse permanecer no meio dos seus. Nesse texto, na viva relação com o Pai, o Mestre nos comunica sua pessoa, e nos assemelha a si, segundo seu ensinamento: "... Ninguém vai ao Pai senão por mim" (Jo 14,6). Ele não nos deixou um escrito, que poderia vir a ser manipulado na inserção das diferentes culturas, mas uma oração, para que a comunidade orante se deixasse transformar por ela e nascesse verdadeiramente do alto, assumindo a sensibilidade evangélica. Somente em uma radical situação de oração poderia ser celebrada a soberania divina, para ser passada de geração em geração a verdadeira experiência evangélica. Se na reflexão o ser humano pode ser tentado a exprimir a verdade segundo suas "leituras filosóficas", na oração vibra ao cantar a liberdade e a primazia divina sobre si e sobre a própria história.

É no rezar que se revive a personalidade de Cristo e se cresce na identidade de ser discípulos (cf. Lc 11,1-2). É na situação existencial do rezar que a criatura se torna aberta, disponível e dócil a Deus, deixando o Espírito operar, para que a transforme na verdade que crê. Se olharmos para a antiga tradição da comunidade cristã, veremos que o Evangelho anunciado animava a oração, porque era na oração que o anúncio do Evangelho permanecia vivo e passava para a personalidade do crente. Quando nos colocamos na verdadeira experiência da oração, deixamos de lado todo tipo de pensamento e de desejo, e nos abrimos para a plena e criadora invasão do Mestre. Desse modo, percebemos que não somos nós que o conhecemos, mas é ele que se faz conhecer por nós, atraindo-nos em sua intimidade de amor e fazendo-nos saborear a alegria da fé. Esse clima "liberta" a reflexão de todo absolutismo intelectual e abre o coração do ser humano para a maravilhosa experiência do espanto.

O evangelista serviu-se de uma oração para guiar o leitor à visão do Pai mediante a atração pelo mistério pascal de Jesus e a compreensão da vocação de todos aqueles que creem no nome de Jesus. A oração eucarística, por sua vez, vive de contemplação transfigurante, é uma síntese fecunda de tempo e de eternidade, transcende o espaço e o tempo em sua estrutura essencialmente simbólica, introduz no segredo do Pai mediante a centralidade orante do Cristo, faz que o Mestre se torne a vida da vida dos discípulos. A criatura, quando reza, é forjada pelo divino porque é toda abertura e disponibilidade; quando começa a abertura cotidiana para o hoje do Pai, ela canta suas maravilhas e cresce na esperança.

A fecundidade de um testamento é intuído na consciência dos herdeiros que percebem a exigência de continuar a personalidade do testador. Jesus sabe que somente na oração da comunidade cristã será verdadeiramente o Senhor de cada ser humano, em todo tempo e espaço, porque a oração autenticamente evangélica conserva intacta sua personalidade messiânica de Mestre e permite o desenvolvimento de uma verdadeira relação interpessoal entre ele e os discípulos. A oração de Jesus nada mais é senão ele mesmo que assume em si os discípulos para torná-los como ele: dóceis ao hoje pascal do Pai, em um sim incondicional ao seu querer para estar nele, sentido importante e determinante da existência. Esse estilo de vida faz-nos compreender como o ser humano, na oração, vê sempre o Senhor que age continuamente na história, e não dá peso excessivo às exigências concretas que daí poderiam derivar.

Nisso descobrimos como cada discípulo do Senhor, que assume os sentimentos orantes do Mestre, vive a própria liberdade dele. A educação para a verdadeira experiência da oração é a condição fundamental para viver o testamento de Jesus e para tornar real a própria existência nas mãos do Pai.

Consequentemente, o verdadeiro rezar torna-se o ato sacrifical máximo do ser humano.

A oração eucarística

Esse itinerário joanino se traduz na oração eucarística, que repropõe em qualquer celebração a ação de graças de Jesus na última ceia. Se devêssemos estabelecer uma relação entre a oração sacerdotal de Jesus e as orações eucarísticas mais antigas (cf. a Tradição apostólica de Hipólito), dar-nos-íamos conta de que existe uma íntima ligação.

O esquema "eucarístico" de João 17 pode ser assim expresso:

1-5: a contemplação da experiência pascal de Deus;
6-16: a anamnese da história pascal de Deus pelo ser humano, pela descrição da comunhão entre Jesus e seus discípulos;
17-19: o ato pascal da oblação eucarística de Cristo que anima sua missão;

20-24: a experiência da transfiguração para a humanidade inteira, chamada a viver a experiência de comunhão dentro da vida trinitária;

21-26: a doxologia como acesso definitivo na comunhão intratrinitária.

O desejo de tornar atual o intuito de Cristo de mudar o coração do ser humano, introduzindo-o na comunhão divina e fazendo que saboreie a aleluia pascal, está sempre presente e operante na oração eucarística.

A oração eucarística representa o lugar sacramental em que se celebra e se experimenta o ingresso da comunidade celebrante na intimidade trinitária, e a inserção dos discípulos na exultante relação pascal entre o Pai e o Filho, que se deu plenamente na oblação gloriosa da cruz.

A anáfora, por sua natureza, é uma síntese literário-sacramental da glorificação de Jesus, parte essencial da história do reino de Deus, e a celebração da vocação para a comunhão de todos os membros do povo de Deus.

Na oração eucarística fomos assumidos no processo da história da salvação: da vida trinitária, intensamente contemplada com os olhos da fé, por meio do agir das três Pessoas divinas na economia pascal da salvação, para construir a comunhão trinitária na história, à fecunda perspectiva da glorificação do Pai, do Filho e do Espírito Santo.

A oração eucarística, então, constitui a celebração orante do retorno ao Pai da humanidade inteira, e, por meio dela, emerge uma relação especial de predileção, intimidade, obediência, alegria que liga os discípulos ao Pai.

Se nos deixarmos envolver no percurso sacramental e espiritual da oração eucarística, perceberemos como somos vitalmente inseridos no plano trinitário da humanidade inteira.

Um profundo sentimento de universalidade a percorre, conforme emerge das intercessões que se seguem à epiclese de comunhão, e abre o coração dos celebrantes ao compartilhamento do plano de Cristo: os seres humanos são uma só coisa, à imagem da comunhão que caracteriza a relação entre o Pai e o Filho.

Conclusão

A vida de cada discípulo se constrói no deixar-se transformar por ele para alcançar a face do Pai.

Por meio da personalização da oração de Jesus, cada batizado sente a urgência de construir-se pela atitude orante do Mestre, a fim de assumir sua personalidade pascal e realizar, assim, verdadeira e plenamente a si mesmo.

A oração eucarística constitui o encontro cotidiano/semanal dos fiéis, para que se tornem cada vez mais e melhor a imagem viva do Ressuscitado, para uma plena realização humana. Quando celebra os divinos mistérios, a assembleia se redescobre uma comunidade que sacramentalmente deixa Jesus rezar, e saboreia sua vitalidade interior, de modo que cresça na firme certeza de que o Senhor realiza maravilhas em sua história cotidiana.

Ó Pai,
no olhar orante do Filho,
nos introduzis em vossa intimidade,
a fim de que possamos viver o mistério de comunhão
que exalta vossa relação com o Cristo;
guiai-nos com vosso Espírito
para que nos deixemos forjar por ele,
para estarmos sempre unidos a vós,
como Jesus Cristo, vosso Filho,
na esperança de cada irmão.
Amém.

Pai, é chegada a hora

O encontro sacramental com Cristo na última ceia, mediante o envolvimento na oração eucarística, nos introduz na descoberta dos sentimentos que determinaram e qualificaram sua existência. Cristo Jesus é o centro do cosmos e da história, e sem ele ficamos em uma condição de escuridão existencial, sem saída. O mistério presente nessa oração sacerdotal de Jesus é a síntese da história, do coração e do ensinamento evangélico do Redentor. Na contemplação do Crucificado, o evangelista João escreve a oração sacerdotal e sintetiza a sensibilidade do Mestre, para que sua Páscoa passe na comunidade por meio de uma partilha orante. A contemplação do discípulo (cf. Jo 19,35) se traduz na oração (cf. Jo 17), para que cada discípulo, por meio dessa oração, contemple o Mestre. É uma reciprocidade que anima interiormente a oração eucarística. Certamente, apenas o crente, que vive unicamente de Cristo, pode saborear essa relação e sentir a criatividade do Espírito que o faz amadurecer na verdadeira liberdade: aquela vivida na cruz e conhecida na exultação da ressurreição. Em Jesus que reza está a comunidade que reza, enquanto é atraída para ele; nos sentimentos do Mestre inserem-se os sentimentos dos discípulos, que se deixaram forjar pelo Espírito; nas atitudes do Cristo, que animam aqueles que o seguiram, reencontramos o comportamento que cada batizado é chamado a assumir.

Consequentemente, cada um de nós, rezando a oração sacerdotal de Jesus, é impelido a analisar-se, a entender se o mistério celebrado na oração eucarística representa a alma, o apoio e a liberdade das decisões cotidianas. Essa proposta divina constitui a constante interpelação que vem do alto, para que todo aquele que nasceu do Espírito viva segundo o Espírito, até que seja formada nele a plena estatura de Cristo.

O Pai

A experiência da paternidade de Deus evidencia o núcleo fundamental do caminho de fé de cada batizado, para que constitua o centro da vida cristã. Somente quem se deixa fascinar pelo gosto do proclamar "Pai" pode começar a entender o que quer dizer ser discípulo de Cristo.

Cada cristão sabe que a característica de sua escolha evangélica é deixar-se atrair pela face do Pai. Aqui se encontra a originalidade da vida cristã; pelo nome "Pai" nos inserimos na originalidade da oração cristã, porque aí descobrimos a experiência da comunhão entre o Pai e o Filho. Apenas Jesus, porém, se dirige a Deus chamando-o de "Pai"; essa sede orante de Jesus nos faz compreender que toda a sua consistência messiânica está na relação com o Pai. Consequentemente, é na completude e singularidade da paternidade de Deus em relação a Jesus que se constitui a experiência da comunhão evangélica.

O Pai é o centro da vida de Jesus, portanto de cada seu discípulo que viva o "gosto teologal" de deixar-se assumir na pessoa de Cristo e que construa cada instante seu na inebriação de estar no e com o Pai.

João, ao apresentar-nos a síntese de seu Evangelho no prólogo, assim o conclui: "Ninguém jamais viu a Deus. O Filho Único, Deus, que está voltado para o seio do Pai, o revelou" (Jo 1,18). Aqui encontramos o significado da presença do Cristo em nós: a alegria exultante de que a humanidade inteira compartilhe a experiência da paternidade divina própria de Jesus.

A presença do Verbo encarnado é captada de modo muito fecundo porque nos permite alcançar a face do Pai. Aqui descobrimos a verdade dinâmica de sermos batizados. Todo o percurso cotidiano, que caracteriza a vida de cada cristão, nada mais é senão uma acolhida constante da revelação de Jesus, que nos conduz por meio da comunhão eucarística a essa admirável experiência e contemplação da paternidade de Deus. O diálogo entre Jesus e Filipe, na última ceia, é particularmente significativo para iluminar esse significado sobre o qual se fundamenta a coragem de ser discípulo: "Jesus respondeu: 'Eu sou o Caminho, a Verdade e a Vida. Ninguém vai ao Pai senão por mim; se conhecêsseis a mim, conheceríeis também a meu Pai. Desde já o conheceis e o tendes visto'. Filipe disse: "Senhor, mostra-nos o Pai e isto nos basta'. Jesus respondeu: 'Filipe, há tanto tempo que convivo convosco e ainda não me conheces? Quem me vê, vê também o Pai. Como podes dizer: 'Mostra-nos o Pai'? Não crês que eu estou no Pai que e o Pai está em mim? As palavras que eu vos digo não vêm de mim. Quem realiza estas obras é o Pai, que permanece em mim. Crede-me: eu estou no Pai e o Pai em mim. Senão, crede ao menos em razão das obras" (Jo 14,6-11).

Essa experiência é verdadeira e fecunda na oração eucarística, na qual, como Jesus, realizamos sacramentalmente as obras do Pai. A verdade de João 1,18 está em João 17,1. A fé na paternidade divina se traduz em verdade na oração eucarística. Que sentido poderia ter uma afirmação de fé que não se tornasse oração, transformando na verdade evangélica a pessoa inteira do discípulo? O testamento que Jesus dá à comunidade resume-se na palavra "Pai", ao redor da qual e com a qual a comunidade cristã exprime e revigora a própria identidade (cf. Gl 4,4-7; Rm 8,14-17).

Não existe para o cristão outro testamento senão esse. Se desfiarmos a oração sacerdotal, veremos como a expressão "Pai" é continuamente repetida:

"... Pai, chegou a hora..." (v. 1).
"Agora, ó Pai, glorifica-me com a glória que eu tinha junto de ti..." (v. 5).
"... Pai santo, guarda-os em teu Nome, O nome que me deste..." (v. 11).
"... Assim como tu estás em mim e eu em ti..." (v. 21).
"Pai, aqueles que me deste, quero que eles estejam onde eu estiver..." (v. 24).
"Pai justo, o mundo não te conhece..." (v. 25).

Por meio dessa repetitividade percebemos como Jesus vive verdadeiramente do Pai, e como no Pai reencontra verdadeiramente a si mesmo, enquanto realiza a obra da salvação. É a mesma experiência a que somos chamados a viver na oração eucarística.

A exemplaridade da quarta oração eucarística é bastante significativa:

> "(...) É bom cantar vossa glória, Pai Santo, Deus único e verdadeiro (...)".
> "(...) Nós proclamamos a vossa grandeza, Pai Santo (...)"
> "(...) E de tal modo, Pai Santo, amastes o mundo que... nos enviastes (...)"
> "(...) Enviou de vós, ó Pai, o Espírito Santo, como primeiro dom aos vossos fiéis (...)"
> "(...) Por isso, nós vos pedimos (...)"
> "(...) Quando, pois, chegou a hora, em que por vós, ó Pai, ia ser glorificado (...)"
> "(...) Celebrando, agora, ó Pai, a memória da nossa redenção, anunciamos a morte de Cristo (...)"
> "(...) E agora, ó Pai, lembrai-vos de todos pelos quais (...)"
> "(...) E a todos nós, vossos filhos e filhas, concedei, ó Pai de bondade (...)"
> "(...) A vós, Deus Pai todo-poderoso (...)"

A comunidade cristã, na oração eucarística, deseja estar no Pai e com o Pai, à imitação da atitude de Cristo, saborear a presença transformadora, ser e tornar-se sua pessoa em uma comunhão que nunca terá fim. Por meio da oração, na qual está presente o Espírito Santo, todos somos plasmados pelo Pai, para que emerja sempre das nossas pessoas a luminosidade de Cristo. Então, quem está em Cristo também está no Pai, e nós todos, como Igreja e como pessoas, sempre mais e melhor passaremos de uma Eucaristia à outra em um jubiloso desenvolvimento da doxologia trinitária, que progressivamente nos faz gozar a liberdade pascal do Mestre, pré-saboreando a adoração dos quatro animais e dos vinte e quatro anciãos do livro do Apocalipse (cf. 4–5).

A experiência do Pai nos conduz à essencialidade e à simplicidade, com as quais celebramos as linguagens litúrgicas, que nos permitem não nos distrairmos da visão do Pai, à qual o Espírito e o Cristo nos conduzem.

A hora do Pai

Em sua oração, Jesus nos faz compreender que não é possível conhecer o Pai e aproximar-nos dele sem passar pelo mistério da hora, experiência profundamente ancorada à história.

Jesus construiu toda a sua existência à luz da hora, lida como realização progressiva da relação que existe entre o Pai e o Filho encarnado.

Nele, não havia outra intenção. Na plenitude da hora, que é a árvore da cruz, emerge a realização da relação Pai/Filho.

É dessa objetividade contemplada no Espírito que captamos como o centro de nossa vida de fé e de toda a nossa experiência sacramental nada mais é senão deixar-nos atrair pela reciprocidade intratrinitária.

Se frequentarmos a escola de Jesus, perceberemos que toda a sua vida foi vivida na ótica da Hora. Recordemos a resposta de Jesus a Maria, sua mãe, nas bodas de Caná: "Mulher, que relação há entre mim e ti? Já não chegou minha hora?" (Jo 2,4). No percurso evangélico, por duas vezes João acentua que "ainda não tinha chegado sua hora", e que a verdadeira virada aconteceria mais adiante. Jesus entra em conflito com as situações históricas, com o mundo das trevas e da divisão (Jo 7,30; 8,20), e sai ileso, porque é vontade do Pai a luz dos seus passos. A experiência da fidelidade do Pai na ressurreição é uma constante na vida dos discípulos, que acolhem sempre o Ressuscitado amando o Crucificado. Na última Páscoa de Jesus, aparece o cumprimento da hora (cf. Jo 12,23; 13,1; 13,31-32; 17,1) e celebra-se sacramentalmente a fidelidade ao Pai, ao redor da experiência do banquete.

A oração sacerdotal resulta, então, como a oração da Hora, porque estão sedimentados os últimos acontecimentos da vida de Jesus.

A Hora do Pai, que se realiza na paixão, é a da exaltação do Filho do Homem, de sua glorificação, da revelação suprema do amor do Pai, do juízo do mundo, da reunião dos filhos dispersos na unidade, do dom do Espírito.

Vivendo intensamente a Hora do Pai, Jesus é glorificado: entra em sua condição permanente e definitiva.

Se, diante da realidade da Hora, de imediato o pensamento vai para a elevação na cruz, nosso olhar deve alargar-se e abrir-se para contemplar também os eventos da ressurreição, do retorno ao Pai e do envio do Espírito Santo.

A fecundidade da paixão é a ressurreição, visto que a coragem, crente na fidelidade do Pai, que conduz o Cristo a viver o drama do Horto das Oliveiras em obediência à liberdade divina, é sinal profético para cada discípulo seu.

Quem se dá ao Pai e se deixa guiar pelo Pai não fica desiludido: o morrer se torna um ressurgir atuante.

Por meio da oração eucarística, a comunidade cristã é convocada a "habitar" junto do Pai, porque a anáfora representa o lugar no qual somos assumidos no mistério e narramos a história de Deus em Jesus morto e ressuscitado, para alcançar a face do Pai. O sacerdote, no início da proclamação do texto prefacial, oferece sua boca e suas palavras a Jesus, que até hoje diz: "Pai, é chegada a hora". O momento do início da oração eucarística nada mais representa senão o viver espiritualmente o princípio Paulino: "... e vossa vida está escondida com Cristo em Deus" (Cl 3,3), personalizando o convite do Apóstolo: "Agora eu estou contente com os sofrimentos que tenho de suportar por vós. Porque assim completo na minha carne o que falta às tribulações de Cristo, em favor do seu Corpo, que é a Igreja" (Cl 1,24).

Desse modo, cada cristão vive em Jesus, com Jesus e como Jesus a contemporaneidade com a Hora do Pai que ilumina cada instante da história humana. Cada ato de fé significa inserir-se nessa Hora; decidir-se, instante a instante, por Jesus, quer dizer assumir a Hora do Pai; a alegria de crer traduz-se em tomar consciência de que se é a memória viva de Jesus, assumindo toda a sua experiência oblativa.

Sacramentalmente, todas as horas da liturgia das Horas, e em geral toda a vida sacramental, vivem da Hora do Pai. Sem esse conteúdo, o ser humano corre o risco de celebrar a si mesmo e de não comunicar-se com a fonte da salvação. Não há, então, nenhuma escolha crente que não seja a apropriação da Hora do Pai, no exemplo de Jesus. A Hora é mais que uma série de acontecimentos, é a expressão do diálogo eternidade–história, no qual o batizado tem como único critério de vida o mistério do Pai, escondido há séculos nele e manifestado na pessoa de Cristo.

Mediante a celebração eucarística, e no clima contemplativo que caracteriza a oração eucarística, entramos sempre na Hora e vivemos a ação de graças sacramentalmente como o sacrifício do louvor (cf. Hb 13,12-15) que o Pai acolhe como o dom da humanidade reconciliada em Cristo, na comunhão operada pelo Espírito Santo. A comunidade cristã, portanto, sempre faz a experiência da Hora em sua plenitude e globalidade: a paixão, a morte, a ressurreição, a ascensão, o dom do Espírito Santo. A anamnese da primeira oração eucarística vem em nosso auxílio:

> "Celebrando, pois, a memória
> da paixão do vosso Filho,
> da sua ressurreição dentre os mortos
> e gloriosa ascensão aos céus,
> nós, vossos servos
> e também vosso povo santo,
> vos oferecemos, ó Pai,
> dentre os bens que nos destes,
> o sacrifício perfeito e santo,
> pão da vida eterna e cálice da salvação".

Habitar com Jesus na Hora do Pai quer dizer deixar-se assumir em toda a história de Jesus como único significado da própria existência.

"Tenho sede"

A oração de Jesus insere-nos em sua identidade, introduz-nos em sua mentalidade, enquanto vive a Hora do Pai, e ensina-nos como alcançar a madura atitude teologal na construção de nossa vocação de discípulos. Somente se nos deixarmos determinar pela ação de graças de Jesus é que poderemos amadurecer na vocação para ser seus discípulos. Entre a identidade do discípulo e a ação de graças eucarística de Cristo subsiste uma relação não apenas inseparável, mas um vive do outro e vice-versa.

Se na Hora do Pai nos é oferecido o evento místico de sua vontade de salvação, é muito importante viver os mesmos sentimentos do Mestre, que responde ao plano do Pai. O evangelista João nos ajuda na perseguição desse objetivo descrevendo-nos os últimos instantes da vida de Jesus e apresentando-nos suas atitudes espirituais.

A esse propósito devemos sempre lembrar que, para o autor sacro, a descrição da morte de Jesus é a expressão do significado mais profundo de sua vida: Jesus morre como viveu. Assim se exprime o evangelista: "Depois, sabendo que estava tudo consumado, Jesus, cumprindo as escrituras, disse: 'Tenho sede'. Havia por ali um vaso cheio de vinagre. Prendendo uma esponja embebida em vinagre na haste de um hissopo, levaram-na à boca de Jesus. Depois de ter tomado o vinagre, Jesus exclamou: 'Tudo está consumado!' E, inclinando a cabeça, entregou o espírito" (Jo 19,28-30).

Do texto emerge a centralidade do verbo "cumprir". A Hora do Pai está na ordem do cumprimento de seu querer, conforme o evangelista nos sugere ao oferecer a razão da encarnação pascal do Verbo: "Pois Deus amou tanto o mundo, que deu seu Filho Único, para que todo o que crer nele não morra, mas tenha a vida eterna" (Jo 3,16).

Essa visão é encontrada tanto na introdução da última ceia: "Antes da festa da Páscoa, sabendo Jesus que tinha chegado a hora de passar deste mundo para o Pai, tendo amado os seus que estavam no mundo, amou-os até a consumação" (Jo 13,1), quanto no final da oração sacerdotal: "... e o mundo conheça que tu me enviaste e que os amaste como tu me amaste" (Jo 17,23).

O cumprimento da Hora do Pai não é a execução de um plano, mas a ocorrência de uma plenitude de sintonia existencial entre o coração do Pai e o coração do Filho; é o mistério da caridade trinitária que o Verbo encarnado nos comunica e nos revela para que se torne o significado da existência.

Em suas lutas históricas, Jesus teve a intenção importante de viver o hoje da vontade do Pai, isto é, a integralidade de seu projeto de amor; ele construiu sua história e elaborou a própria consciência humana na perspectiva da passividade ativa nas mãos do Pai: foi elevado, exaltado e glorificado. A Hora amada e desejada significava para o Mestre a dedicação incondicional à comunhão com o Pai e com seu amor para a humanidade inteira.

Aqui ocorre o verdadeiro culto em Espírito e Verdade. Não foi no tempo e no espaço que Jesus prestou culto ao Pai, comunicando ao ser humano o dom da salvação; mas é em seu coração que se celebra a "liturgia pascal", por meio da docilidade ao Espírito e da sintonia com o hoje do Pai. É nessa circularidade trinitária que toda experiência cultual cristã recupera seu verdadeiro significado e sua fundamentação original. É aquilo que a comunidade cristã percebe ao deixar-se envolver na oração eucarística, vivida como assunção em Cristo e como Cristo no hoje do Pai, e como docilidade à ação orante do Espírito, para dar cumprimento ao plano trinitário no mundo, na construção da vida cotidiana, à luz da comunhão intratrinitária.

Essa atitude pascal de Cristo foi expressa de dois modos:

– as palavras: "Tenho sede".
– o gesto: aproximar os lábios da esponja embebida em vinagre.

Nas palavras "Tenho sede", percebemos como a atitude interior de Jesus é desejar somente aquilo que o Pai quer, acolhendo o hoje do Pai com plena docilidade e disponibilidade. A vitalidade da fé é ansiar, com plena abertura de coração, a comunicação de Deus ao ser humano, que vive com sede, em um crescendo verdadeiramente inesgotável, no forte desejo do Pai. Nesse estado de espírito, Jesus revive os sentimentos do salmista:

"Anseia a corça
por água viva,
assim minh'alma
por ti, meu Deus.

Ela tem sede
De ti, Deus vivo;
Quando verei
A tua face?" (Sl 41[42] e 42[43],2-3)

ou

"Ó Senhor, és o meu Deus,
desde a aurora eu te buscava.
De ti tem sede minh'alma,
Desejava-te o meu corpo.
Qual a terra ressequida,
Solo ávido de água" (Sl 62[63],2).

A sede de comunhão com o Pai constitui o princípio ativo de todo o arco da vida de Jesus.

O gesto de aproximar os lábios da esponja embebida em vinagre exprime a disponibilidade incondicional de Jesus ao querer do Pai, seja ele qual for.

O Pai é mais importante que tudo aquilo que, na verdade, a história lhe poderia oferecer.

A comunhão com o Pai representa a "força espiritual" de Jesus para que ele viva o dinamismo da paixão, que desemboca na fidelidade divina da ressurreição. Nisto, Jesus é verdadeiramente o caminho principal para viver cotidianamente o hoje do Pai. Quem ama, como Jesus, o essencial em suas lutas humanas, também sabe viver as diferentes manifestações da existência. Nosso problema existencial é dar mais importância ao que historicamente aparece, deixando submersa no fundo a sua vontade.

Quando entramos vivamente na oração eucarística, somos educados para juntar as palavras e os gestos de Jesus na cruz: viver de modo tão intenso a sede de comunhão com o Pai à imitação da atitude de Jesus de forma que assumamos o hoje do Pai nas dramáticas lutas da história, a fim de que nenhuma realidade, mediante a identificação com o Cristo, possa nos afastar da radical obediência ao Pai. Estar no

Pai é a força da liberdade de cada discípulo. A celebração eucarística é somente de quem constrói a sua cotidianidade como desejo inextinguível de comunhão com a vontade do Pai, vontade tão intensamente ansiada que o discípulo não a consegue diminuir.

É o motivo pelo qual o discípulo, inserindo-se na oração de Jesus dirigida ao Pai, faz uma solene e fecunda síntese entre:

"seja feita a tua vontade assim na terra como no céu"

e

"o pão nosso de cada dia nos dá hoje".

O ingresso orante da assembleia litúrgica na oração eucarística exige que seus membros operem, existencialmente, uma constante e inesgotável síntese espiritual entre o gozo da liberdade do Pai, por meio da concreta comunicação de sua vontade, e o desejo do discípulo de viver essa liberdade divina como o alimento cotidiano para dar significado salvífico à sua pessoa.

Conclusão

Quem vive em comunhão com as três Pessoas divinas, obedece e acolhe a vontade do Pai, vive na liberdade e comunica a liberdade do Cristo, deixa-se transfigurar pelo Espírito e doa a esperança do Espírito, para amadurecer na exultante experiência da comunhão fraterna.

É a experiência única de Jesus que, pelo seu anseio pascal, intensamente desejado, amado e vivido, oferece à humanidade inteira, por meio dos discípulos, o Espírito Santo, que torna novas todas as coisas.

A vocação do discípulo de habitar a cada instante no hoje do Pai, e de desejá-lo como a única fonte que mata a sede da verdadeira existência, representa a vocação para ser sacramento credível da novidade cósmica que o Ressuscitado oferece à humanidade inteira por meio da Igreja, que celebra os divinos mistérios.

Peçamos, pois, ao Espírito, a capacidade de entrar na fecunda experiência da paternidade de Deus, amando com e como Cristo a Hora do Pai, sumamente amada e desejada para a salvação dos irmãos.

Ó Pai,
na oração de vosso Filho,
nos revelais vosso coração,
inteiramente pleno de vós;
inspirai-nos o desejo
de ansiar somente a vós na vida,
para gozar sempre a liberdade do Cristo
e dar testemunho diante do mundo
de vossa inefável Vontade.
Amém.

Eu te dou graças, ó Pai, porque me escutaste

Cristo Senhor, por meio da intuição mística e sacramental de João, oferece-nos seu testamento em um contexto de oração, para que sua vontade possa de fato transfundir-se e radicar-se em nossa vida. Quando nos deixamos atrair pela oração de Jesus, como na oração eucarística, vivemos a alegoria da relação entre a videira e os ramos (cf. Jo 15,1-2.4-5), que constitui a culminância sacramental da experiência eucarística.

Nele e para ele somos o seu testamento, para que os seres humanos honrem o Pai e vivam sua inefável e misteriosa vontade. Para isso, no contexto do rezar, e particularmente no rezar sacramental, cada batizado suspira continuamente dizendo: "Tenho sede", para situar-se, nele e como ele, no domínio e na fidelidade ao Pai na história cotidiana. Na oração, suspiramos a contemplação da face, buscamos a Hora, e pela oração a vivemos para crescer, com nossa pessoa inteira, na viva consciência de que o Pai é verdadeiramente fiel.

A simplicidade com a qual o evangelista João nos descreve o estilo de oração do Mestre faz nos intuir como ele tinha a certeza de jamais ser desiludido.

A coragem de ser discípulos do Mestre ajuda-nos a ser sinais credíveis de sua pessoa por meio do seu estilo de oração.

A atitude de Jesus diante do túmulo de Lázaro representa o sinal pascal de que o Pai o escuta sempre.

Em sua oração de agradecimento antecipado pelo atendimento divino, Jesus exprime nítida e sinteticamente sua consciência singularmente filial e sua disponibilidade para realizar a vontade salvífica do Pai. Do mesmo modo entramos, como Jesus, na oração eucarística na qual proclamamos a fidelidade do Pai na ação de graças e na súplica: o Pai não nos decepcionará.

Jesus diante do túmulo de Lázaro

Se quisermos descobrir por que Jesus afirma com tanta simplicidade: "Pai, é chegada a hora", deveremos observar a atitude dele em outra oração que demonstra claramente como ele ficava firme em oração e em viva e profunda união com o Pai. É a breve oração que Jesus eleva ao Pai diante do túmulo de Lázaro: "Tiraram então a pedra. E Jesus, levantando os olhos para o céu, disse: 'Pai, eu te dou graças porque me ouviste. Bem sabia que sempre me ouves, mas digo isto por causa da multidão que me rodeia, para que creiam que tu me enviaste'. Tendo dito isto, gritou com voz forte: 'Lázaro, vem para fora!'. O morto saiu: tinha as mãos e os pés enfaixados e o sudário amarrado em volta do rosto. Jesus disse então: 'Tirai as faixas e deixai-o andar!'" (Jo 11,41-44). Queremos deter-nos no detalhe: "eu te dou graças porque me ouviste". Nesse momento da oração, Jesus ainda não fez o milagre, ainda não viu que sua súplica de querer dar vida a Lázaro se realizou, ainda não foram pronunciadas as palavras: "Lázaro, vem para fora!". De modo geral, esperávamos que o agradecimento viesse então, a esta altura, após o evento do prodígio. Jesus, porém, agradece antes de ser atendido.

Jesus, quando reza, não precisa ver, porque sua comunhão com o Pai é tal que existe a certeza de ser atendido antes mesmo da constatação. Pode-se perceber isso claramente porque Jesus, em seu itinerário existencial, vive em íntima relação com o Pai e tem a certeza de que o Pai o escuta.

Jesus reza e não duvida que será escutado. Aqui entramos em um dos aspectos que caracterizam a vida de Jesus, e que deveria qualificar nossa história pessoal e eclesial. O cristão que reza já sabe que será escutado antes mesmo de ver os efeitos, relativiza a vivência histórica, porque sabe que ao rezar já está sendo escutado. Se a pessoa duvida de ser escutada por Deus, que confiança na oração é essa? A verdade da oração não é percebida quando se permanece preso apenas aos resultados. Existe uma expressão de Thomas Merton que é a tradução dessa experiência de Jesus: "Quando rezares, se logo no início duvidas de que talvez Deus não te escute, então não reze!". O ser humano que entra em uma verdadeira atitude orante já sabe que está sendo escutado, porque o estar em Deus é um atendimento contínuo. É o ser humano histórico que, longe de Jesus, quer verificar continuamente o atendimento da escuta, porque (é este o nosso pecado) não temos o "tenho sede" de Jesus; desejamos aquilo que queremos e rezamos para obter aquilo que desejamos. O discípulo do Senhor, que caminha nos caminhos do Pai, porém, em sua pureza de espírito sabe que será atendido e não dá muita importância às realizações históricas. No ser escutado o cristão já diz: "Não me interessa o que o Pai vai fazer, mas sei que serei acolhido em seu coração paterno".

A profunda intimidade divina leva Jesus a dizer: "Pai, eu te dou graças porque me escutaste!", sem ainda ter visto o milagre. Jesus reza e não espera, porque já sabe que está em uma fecunda e eficaz comunhão com Deus. Se conseguíssemos entrar nessa experiência interior, não teríamos mais nenhuma preocupação, porque a relação com Deus realizaria plenamente nossa vida e, mesmo que nos encontrássemos em muitas dificuldades, não nos afetaria, porque teríamos a certeza da escuta do Pai. Esta é a grande liberdade interior do ser humano orante.

Se a oração é a celebração do estar no Pai, e a expressão da comunhão com o Pai, não pedimos nada que antes não nos tenha sido sugerido pelo Pai, pedimos apenas aquilo que o Pai nos inspira. Devemos, então, apresentar-nos a Deus sem preocupações, porque devem ser as mesmas de Deus, e nossas perguntas as de Deus. O Senhor espera escutar aquilo que quer escutar de nós: o intenso desejo de somente querer viver do e no mistério de sua pessoa e de sua vontade. É esta a animação de fundo de nossa atitude orante. Jesus sabia que seria escutado porque o milagre de Lázaro não era somente desejo seu, mas do Pai, como antecipação da ressurreição. Se o milagre de Lázaro é a antecipação da ressurreição, que é a fidelidade do Pai, Jesus, fazendo Lázaro ressurgir, declara publicamente que o Pai também o fará ressuscitar. Este é o mistério, mas também nosso grande consolo. Infelizmente, a tentação da estultícia do ser humano é o medo de entrar no mundo do Infinito, então prefere instalar-se no campo da limitação.

É melhor "naufragar" em Deus, sabendo que sempre seremos escutados, que ficar nas margens dos nossos pensamentos. Cristo Senhor sempre foi escutado porque somente fazia aquilo que via o Pai fazer.

Diante da experiência histórica, a atitude radical que anima cada palpitação de nossa vida é estar em Deus, e aqui entram a eternidade, a plenitude divina, a realização de nossa história, a certeza de jamais estar sozinho, mas de crescer em uma comunhão trinitária que será o júbilo para sempre. É aquilo que vivemos no advérbio "verdadeiramente", com o qual se inicia a oração eucarística.

Jesus está sempre à escuta do Pai

Jesus vive sua vocação orante como escuta contínua, dócil obediência, doação corajosa da vida, anseio inesgotável de comunhão com o Pai, como exultante desejo de comunicar a salvação a todos os irmãos. Entre Jesus e o Pai subsiste uma troca permanente entre o amor generoso do Pai e o amor reconhecido do Filho. Jesus se punha nessa atitude de oração porque vivia o aspecto de fundo de sua relação com o Pai: a escuta. Ele nos oferece um essencial princípio evangélico: "Aquele que é de Deus ouve a palavra de Deus; se vós não me ouvis é porque não sois de Deus" (Jo 8,47).

Essa afirmação do Mestre nos faz tomar viva consciência de que sua existência foi toda em Deus, portanto foi toda escuta. Percebemos a grandeza do ser humano não só em sua linguagem verbal, mas sobretudo na intensidade da escuta que anima as relações interpessoais.

Jesus é sempre escutado pelo Pai, porque Jesus sempre escuta o Pai

Quem escuta deixa espaço para o outro e goza o domínio fecundo do outro na própria pessoa. É tal a comunhão de Cristo com o Pai que ele coloca como princípio ativo de sua vida a escuta do Pai: Jesus sempre escuta o Pai. Nesta expressão: "Pai, é chegada a hora", temos um Jesus em comunhão com o Pai, que vive a certeza de que o Pai é fiel; dizendo: "Pai, é chegada a hora", sabe que não realiza uma obra sua, e sim uma obra do Pai.

Nessa atitude, Jesus reencontra verdadeiramente sua missão, o sentido da encarnação pascal, e a comunidade cristã revive continuamente a ordem de sempre celebrar a presença redentora do Mestre por meio das linguagens sacramentais.

A oração de Jesus é sua missão na prática. Se quisermos entrar na missão de Jesus, dar-nos-emos conta de que ela é só obra do Pai, porque é celebração de sua comunhão divina: "Eu e o Pai somos um" (Jo 10,30). Abre-se diante de nosso horizonte alguma coisa extremamente importante: pelo mistério da experiência orante de Jesus, o cristão consegue compreender que, como cristão, recebeu a missão de Cristo, que nada mais é senão a participação do discípulo na hora do Pai. Ao rezar, revive-se a missão de Jesus: escuta, desejo, dizer sim, anseio que gera comunhão, desejo da salvação acolhida, comunicada e compartilhada. Cristo Jesus em seu caminho só quis realizar aquilo que o Pai queria dele. Então, o rezar de Jesus alinha-se com o viver aquela Hora, a atitude de Jesus obediente: "Pai, é chegada a hora!". Surge clara em nós a urgência de estar cada vez mais na escuta de Deus. Quantas vezes a escuta do coração caracterizou nossa relação orante com Deus?

À imitação do Mestre, devemos compreender profundamente que a primeira atitude de nossa relação de oração com o Pai é o coração que gosta de colocar-se à escuta. Esse exercício criatural já é uma oração, a do coração, que se torna oração mental, comunitária.

Cada oração nossa é a sedimentação de um coração que reza sempre, porque sempre em adoração escuta a Deus.

A Igreja convida-nos, em cada Eucaristia, a viver e a compartilhar a alegria da escuta e a fecundidade da oração por meio da liturgia da Palavra. Aqui, revivemos a atitude profética de Jesus que na escuta reza ao Pai e, escutando-o, dá conteúdo salvífico às suas orações. A consciência das maravilhas que a assembleia litúrgica canta na oração eucarística emana da constante escuta crente, cheia de admiração e espanto. Na oração eucarística não cantamos nossas ideias sobre Deus, mas exaltamos o amor trinitário que, mediante a escuta cotidiana da palavra de Deus, penetra em nossas pessoas, torna-se vida de nossa vida, estimula a encarnar no texto da ação de graças toda a história da salvação, que tem sua culminância na páscoa de Jesus. A assembleia litúrgica, ao proclamar a oração eucarística, sabe que está sendo escutada, porque canta as maravilhas partindo do fascínio que emana da pessoa de Jesus, que, no Espírito, comunicou-lhe a história da salvação. Não é a comunidade que proclama a oração eucarística, mas é a Santíssima Trindade que, na fé, penetra na pessoa dos discípulos e os guia a "cantar o cântico novo, porque Deus fez maravilhas" na oração eucarística.

A obediência de Jesus

A atitude de Jesus é a revelação atuante do amor do Pai nele; nesse plano, a escuta se sedimenta na concretude da execução. A obediência anima toda a atitude orante de Jesus. Jesus não reza para ter razão diante do Pai, mas reza somente para obedecer como o Pai quer; logo, a oração é a filigrana de toda verdadeira obediência. Pelo contexto da oração somos perfeitamente disponíveis para Deus; nosso rezar em Cristo e com Cristo é "comer a obediência de Cristo". Quando o ser humano reza verdadeiramente, entra radicalmente nessa obediência. Não se concebe uma obediência que não seja uma oração ativa, e uma oração que não seja intrinsecamente obediência. A oração sempre escutada é uma oração obediente. Aqui reencontramos um filão da vida de Jesus que resulta bastante difícil para nós. Jesus é a presença, na história, de uma pessoa "unificada" porque vive na simplicidade própria de Deus.

Para nós, infelizmente, algumas vezes obedecer é simplesmente executar. Para Jesus, obedecer é escutar, entrando em uma condição de holocausto. Essa visão nos faz amadurecer as profundas dinâmicas sacrificais da obediência, visto que esta exprime a jubilosa e crente dedicação do eu do ser humano ao Senhor da história, para ser seu reflexo glorioso. Nesse itinerário espiritual, a criatura dá pleno desenvolvimento à sua identidade. A fecundidade da obediência é uma comunhão que vive da escuta e da oração como permanente educação à liberdade do Espírito Santo. Obedecer, portanto, não é simplesmente um entender. Para Jesus, obedecer é deixar o Pai fazer, deixando-se mergulhar em sua Obra. Somente rezando, Jesus nos ensina a obedecer, deixando operar livremente o Pai, em plena docilidade às sugestões do Espírito Santo.

Nosso obedecer é "dormir em Deus", é abandonar-se ativamente em Deus, é amar a comunhão absoluta com Deus para que ele manifeste suas maravilhas.

A alma obediente, à imitação de Cristo, repete continuamente: "Pai, é chegada a hora". A obediência é alguma coisa que flui de nossa vida quando estamos abandonados "como Jesus" no Pai. Então, parece claro que a verdadeira obediência nada mais é senão a linguagem existencial de nosso reconhecimento em relação ao Senhor da vida. Aqui descobrimos a grande liberdade de nosso ser e de nossa vivência concreta.

Não é possível rezar e fazer aquilo que queremos, e ainda menos rezar para poder fazer aquilo que desejamos. Isso é "heresia" praticada, desobediência teologal. Devemos operar no mistério da vontade do Pai. Desse ponto de vista, Jesus é mestre de grande libertação interior. Estar no Pai, no clima de uma intensa oração, é o terreno para uma obediência na imitação pascal de Jesus.

Se cada um de nós tivesse a obediência de Cristo, se realmente o princípio de base de nossa existência fosse um confiar-se, como Jesus, nas mãos do Pai, estaríamos sempre na paz de Deus. Na vida religiosa ou sacerdotal, quando se pronuncia o voto ou a promessa de obediência, colocam-se as mãos nas mãos do superior; assim, as mãos estão nas mãos do superior como se fossem as mãos do Pai. Na verdade, cada batizado realiza esse gesto quando se reconhece criatura do Criador e exulta por tal dignidade. Naquele momento, o Pai começa verdadeiramente a realizar suas maravilhas. O orante, no mais íntimo de seu ser, confia-se a Deus: "Pai, sei que sempre me escutas".

A oração de Jesus exprime fundamentalmente o significado de sua vida. Poderíamos dizer: "Diga-me como rezas, e eu te direi quem és".

Se nosso rezar é mera pronúncia de palavras, somos ateus vivos!

Somos chamados a viver a intensidade de nossa doação nas mãos do Pai, para poder caminhar em novidade de vida. Cristo Jesus, no "Pai, é chegada a Hora", exprime o único significado de sua existência: a comunhão com o Pai.

À luz dessas observações, parece claro que nossa única missão é a comunhão com Deus à imitação de Cristo Jesus.

Não existe outra missão. Rezamos no exercício de nossa missionariedade para celebrar unicamente a atitude de Jesus. As irmãs e os irmãos que habitam nas casas de repouso talvez sejam mais missionários do que os que vivem nas trincheiras, na linha de frente, porque a comunhão com Deus é o hoje da missão do Pai em Cristo Jesus. Jesus salvou os seres humanos desaparecendo.

Quantas vezes não observamos isso! Somente desaparecendo algumas vezes salvamos alguém. Com efeito, encontramo-nos na paradoxal e exultante verdade evangélica: desaparecer da face dos homens é estar diante do Pai e, nele, de todos os homens, porque estando no sim do Pai nos tornamos salvação para todos os seres humanos. Experimentemos pôr em íntima relação as duas expressões: "Pai, é chegada a hora" e "Pai, sempre me escutas". Se conseguíssemos encontrar essa verdade! Em suma, somente uma coisa nos interessa: a comunhão com Deus. O resto não nos interessa porque, vivendo a comunhão com Deus, realizamos suas obras, pedimos aquilo que Deus quer e o Pai naturalmente atende a si mesmo atendendo a nós.

Então, realizaremos verdadeiramente o caminho pelo qual o Senhor veio: reencontrar a comunhão com o Pai, pela qual Cristo rezou, oferecendo sua vida.

Quando nos aproximamos da oração eucarística, revivemos na prática a condição de obediência a Jesus. A assembleia litúrgica celebra os divinos mistérios na obediência a Cristo, para estar na obediência de Cristo e para obedecer como Cristo. Ela não apresenta suas obras, e sim as de Cristo.

Nesse contexto, ao presidir a comunidade na caridade, de modo ministerial e profético, o sacerdote vive a obediência de Jesus, com aquela consequência prática à qual João Paulo II alude na encíclica sobre a Eucaristia: "A Eucaristia apresenta também este sentido da apostolicidade. De fato, como ensina o Concílio Vaticano II, 'os fiéis por sua parte concorrem para a oblação da Eucaristia, em virtude do seu sacerdócio real', mas é o sacerdote ministerial que 'realiza o sacrifício eucarístico fazendo as vezes de Cristo e oferece-o a Deus em nome de todo o povo'.

Por isso se prescreve no *Missal Romano* que seja unicamente o sacerdote a recitar a oração eucarística, enquanto o povo se lhe associa com fé e em silêncio" (n. 28).

A oração eucarística torna-se, então, verdadeiramente o sacramento de uma Igreja que revive a obediência de Jesus, lugar da redenção universal.

Conclusão

A vocação para ser discípulos do Mestre faz-nos entrar na radical experiência de que o Pai nos guia pelos caminhos da vida e nunca nos decepciona. Fomos introduzidos na oração de Jesus que nada mais é senão o momento sintético e culminante da relação filial de Jesus com o Pai. A esperança da história é toda posta na ação de graças que se torna súplica e a faz fecunda. Diante das dramáticas obscuridades da história, a coragem cotidiana de colocar-nos com reconhecimento orante nas mãos do Pai representa a certeza crente de que, apesar de todas as aparências, estamos na luz que não conhece ocaso. Todavia, o estado de ação de graças representa a capacidade de poder gerir positivamente também as situações mais dramáticas da vida, porque tal atitude é expressão de vitória garantida na história.

Nossa vida de oração, então, será sempre escutada porque quem está em Deus se sente amadurecer no espírito para ser a imagem viva e a semelhança com Deus.

A ação de graças abre o coração do ser humano na certeza de que Deus é fiel. Esse evento é celebrado na oração eucarística, fonte da verdadeira esperança para o ser humano crente.

Ó Pai,
na atitude orante
de Cristo, vosso Filho,
nos introduzis na exultação
do mistério da comunhão divina:
abri o nosso coração à escuta
para que saibamos estar sempre atentos
à vossa vontade,
e assim possamos operar aquilo que desejais,
à imitação de nosso Mestre divino.
Amém.

Pai, glorifica o teu Filho, para que o Filho glorifique a ti

No contexto orante da última ceia, Jesus destaca a íntima relação entre viver a hora do Pai e a sua glorificação. Os dois momentos estão tão ligados que Jesus, ao confiar-se totalmente ao Pai na obediência, vive sua fecunda fidelidade, revelada na ressurreição. Deixando-nos conduzir e plasmar pelos sentimentos de Cristo, somos introduzidos na exultante e misteriosa reciprocidade entre o Pai e o Filho, que é o significado de nossa vida de discípulos. Jesus prossegue no estilo próprio de sua oração, para evidenciar sua intimidade com o Pai e seu desejo de sempre mostrar essa admirável relação que vive com ele. O efeito e a verdade de sua glorificação consistem propriamente no fato de que Jesus doa aos seus a vida eterna e os introduz na comunhão divina. É no revelar aos seus a experiência do Pai que Jesus lhes transmite a vida eterna e glorifica o Pai. Nessa atitude se manifesta a unidade de amor do Pai e do Filho capaz de arrastar para dentro dela os crentes que fazem a experiência da luz e do poder divino. Na personalidade humano-divina do Cristo, os discípulos entram na comunhão divina e cantam o amor do Pai, fazendo as maravilhosas e exultantes experiências da alegria de viver.

O centro de um tal plano de salvação vive da elevação e da entronização do Mestre no momento do levantamento da cruz.

Essa exaltação de Jesus representa a virada decisiva no caminho de retorno ao Pai e ajuda-nos a compreender que a vida de Jesus foi um constante subir ao Pai mediante a fecundidade da cruz. Essa experiência do Mestre assume um significado salvífico no dom da vida eterna para todo aquele que crê nele. Os discípulos, portanto, são guiados a viver o mesmo percurso existencial e de obediência ao Mestre e a sentir o florescer progressivo da inebriação em relação à vida, no seu seguimento contínuo e radical. Esse itinerário é particularmente evidenciado na celebração eucarística, na qual, na fecundidade do Espírito Santo, os discípulos se deixam atrair pelo mistério da pessoa pascal de Jesus, para compartilhar com ele a hora, para alcançar a plena comunhão com as três Pessoas divinas. Eles, porém, são chamados a assumir o mistério da hora do Pai, que é a cruz, para chegar à verdade do amor intratrinitário. A oração eucarística representa a celebração da hora do Pai, e os discípulos gozam a vida eterna. Essa relação entre o evento sacramental da última ceia e a hora-glorificação do Pai por Jesus é bem enfocada pela quarta oração eucarística, quando sublinha o sentido da epiclese de consagração:

> "Por isso, nós vos pedimos
> que o mesmo Espírito Santo
> santifique estas oferendas,
> a fim de que se tornem
> o Corpo e o Sangue de Jesus Cristo,
> vosso Filho e Senhor nosso,
> para celebrarmos este grande mistério
> que ele nos deixou
> em sinal da eterna aliança.
> Quando, pois, chegou a hora,
> em que por vós, ó Pai, ia ser glorificado,
> tendo amado os seus que estavam no mundo,
> amou-os até o fim.
> Enquanto ceavam,
> ele tomou o pão...".

A agonia de Jesus

O mistério da glória de Jesus e do Pai passa pelo evento da cruz, que o Mestre experimentou na dramaticidade da provação na experiência do Horto das Oliveiras, quando sentiu em si a profundidade da angústia de entregar-se nas mãos do Pai. Revisitar o conflito interior presente no coração do Mestre ajuda-nos a perceber o sentido da personalidade de Jesus, pelo qual cada discípulo deve deixar-se atrair. João Paulo II assim escreve em sua encíclica sobre a Eucaristia: "A agonia no Getsêmani foi o prelúdio da agonia na cruz da Sexta-feira Santa. *A hora santa*, a hora da redenção do mundo. Quando se celebra a Eucaristia na basílica do Santo Sepulcro, em Jerusalém, volta-se de modo quase palpável à 'hora' de Jesus, a hora da cruz e da glorificação. Àquele lugar e àquela hora se deixa transportar em espírito cada presbítero ao celebrar a Santa Missa, juntamente com a comunidade cristã que nela participa" (n. 4). É importante, pois, intuir na hora-glória do Pai, vivenciada dramaticamente por Jesus na agonia, a experiência pessoal e espiritual do Mestre divino, para tornar verdadeira e existencialmente fecunda a celebração eucarística.

O evangelista João situa o drama da agonia no contexto da iminência da celebração pascal, após seu triunfal ingresso em Jerusalém. Essa colocação ajuda-nos a compreender como a glória dos seres humanos não corresponde aos desejos de Jesus, que quer somente a glória do Pai, vivendo em plenitude a sua hora.

Diante do pedido dos gregos para ver Jesus, assim ele responde a André e Filipe: "Chegou a hora na qual o Filho do homem será glorificado. Eu vos afirmo, e esta é a verdade: se o grão de trigo não cair na terra e morrer, ficará só. Se, pelo contrário, ele morrer, dará muito fruto. Quem ama sua vida a perderá; quem, neste mundo, odeia sua vida a guardará para a vida eterna. Se alguém me quer servir, que me siga, e onde eu estiver, estará também meu servidor. Se alguém me servir, o Pai o honrará. Sinto agora grande aflição. E que direi? Pai, livra-me desta hora? Não. É precisamente para esta hora que eu vim. Pai, glorifica o teu nome'. Veio então uma voz veio do céu: "Já o glorifiquei e o glorificarei de novo" (Jo 12,23-28).

A passagem começa e termina com o mesmo termo, "glorificar", para acentuar a intensidade de comunhão que qualifica a relação entre o Pai e o Filho, do qual fluiu a salvação para a humanidade inteira. Na linguagem global dos evangelistas é sublinhada a sintonia entre o dom que Jesus faz de si ao Pai e a fidelidade do Pai ao Filho. Estamos diante de dois "sim" no viver aquela hora pela qual o ser humano foi radicalmente regenerado, recuperando a inebriação da vida. A decisão de Jesus de viver a hora do Pai representou o princípio da salvação universal. Certamente uma semelhante experiência revelou-se dramática para o Mestre, conforme ele mesmo disse: "Sinto agora uma grande aflição". O desejo de viver a vontade do Pai não elimina sua dramaticidade, mas não derruba o homem Jesus. Se ele vive a solidão dos seres humanos, compartilha o evento da salvação universal com o Pai. A verdadeira experiência da vida nasce do mistério da morte, como expressão de um evento de comunhão intratrinitário e de abertura universal-cósmica, na qual floresce a humanidade inteira.

A imagem do grão de trigo torna-se extremamente eficaz para focalizar o processo que ocorre na celebração da glória do Pai e no viver sua hora. Se o ser humano quer saborear "o dom da espiga de trigo", deve confiar-se radical e totalmente a Deus, revivendo pessoalmente a experiência do grão de trigo semeado na terra. Aqui, sob a influência dos agentes químicos presentes na terra, as moléculas do grão apodrecem e entram em ação as fecundas potencialidades presentes nele, que se traduzem em fazer aflorar a espiga de trigo do terreno. Sem o apodrecimento, não poderíamos contemplar a beleza dos campos de trigo e saborear o dom do pão, sinal da comensalidade e reciprocidade humana, além da experiência da comunhão fraterna.

Jesus, então, nos ensina que somente na coragem de viver a glória do Pai no evento da morte pode florescer a fidelidade fecunda de Deus para cada criatura humana. É na coragem de pertencer-lhe como o Filho e segundo a imagem do grão de trigo que é possível saborear a vida eterna: a comunhão trinitária e eclesial.

As parábolas do Reino, em Mateus 13, ajudam-nos a compreender ainda melhor como o campo de trigo produz de modo fecundo, se o grão tem a oportunidade de mostrar sua fecundidade, morrendo em si mesmo em um terreno bom, que produz ora trinta, ora sessenta, ora cem por um. A evolução universal da salvação passa pelo escondimento do viver o hoje do Pai na morte-ressurreição de Jesus. A experiência eucarística antiga, expressa na "Doutrina dos Doze

Apóstolos" (cap. IX), revela-nos como a imagem do grão de trigo é extremamente significativa para dar o sentido oblativo e universal à celebração eucarística:

"Depois, diga sobre o pão partido: Nós te agradecemos, Pai nosso, por causa da vida e do conhecimento que nos revelaste através do teu servo Jesus. A ti, glória para sempre.

Da mesma forma como este pão partido havia sido semeado sobre as colinas e depois foi recolhido para se tornar um, assim também seja reunida a tua Igreja desde os confins da terra no teu Reino, porque teu é o poder e a glória, por Jesus Cristo, para sempre".

Jesus enfrenta em termos pessoais a aventura da cruz, porque sabe que não está sozinho e que vive a comunhão com o Pai, conforme ele próprio acentua na última ceia: "Eis que vem a hora — e já chegou — em que vos dispersareis, cada um para seu lado, e me deixareis sozinho. Mas eu não estou só, porque o Pai está sempre comigo" (Jo 16,32). Jesus nos ensina que, se estamos nele, toda luta é sempre fonte de vida, ainda que se delineie o drama da morte e do desaparecimento. É necessário ter a coragem do grão de trigo, que morre na terra, para dizer à humanidade a beleza da fidelidade divina que não abandona ninguém na solidão da morte, mas restitui a todos a luminosidade da vida.

O abandono de Jesus nas mãos do Pai

A coragem teologal de morrer no hoje do Pai é princípio de ressurreição. Quem vive na certeza de que Deus é fiel nunca será decepcionado.

Nessa atitude, Jesus ensina-nos a ler e a construir a história, em todas as suas vicissitudes e obscuridades, como um contínuo confiar-se ao Pai para viver sua fidelidade.

A coragem da fé, que nos faz progressivamente tomar consciência de que estamos no Pai, é a verdadeira esperança de nossa história cotidiana.

Deixando-se atrair pelo mistério do Mestre, o cristão se regozija em ser um grão que morre para ressuscitar e saborear a verdadeira vida. A verdadeira comunhão vive o morrer, mas não é bloqueada pela morte, porque onde existe comunhão sempre se canta a vida, apesar de todas as obscuridades históricas. A exemplaridade do Mestre sempre deve nos acompanhar e iluminar.

Ao construir sua existência, Jesus sempre se colocou nas mãos do Pai. Em seu "sim" incondicional sabia que ia saborear o "sim" fiel do Pai. A contemplação da experiência da morte-ressurreição de Jesus no-lo confirma e estimula-nos a percorrer o caminho para Jerusalém e o Calvário. O túmulo, então, do sepulcro nos transformará em manifestação luminosa do triunfo da vida.

O evento pascal é o encontro fecundo de dois "sim": o sim de Jesus ao Pai, durante todo o arco de sua vida que se encerra na cruz; e o sim do Pai, que em sua fidelidade ressuscita o Filho. A experiência de Jesus como serviço à vontade do Pai se constrói na radical e ativa acolhida de seu "hoje", humanamente incompreensível. Essa experiência se constrói vivendo os dois verbos: servir e seguir, que constituem uma só realidade, como escutar e acompanhar.

Quem acolhe, como Jesus, a hora do Pai segue as pegadas do Mestre, vive todo o seu mistério e nunca se sentirá decepcionado, apesar das aparências históricas.

Consequentemente, sua pessoa estará sempre onde está a do Mestre e amadurecerá progressivamente nela: crescerá na experiência da ressurreição.

É o que proclamamos após a narração da instituição da Eucaristia: "Anunciamos, Senhor, a vossa morte e proclamamos a vossa ressurreição. Vinde, Senhor Jesus.".

Nesse ato de fé vivemos o morrer como um ressurgir, e o ressurgir como um morrer, na pessoal e eclesial partilha da mentalidade de Cristo. Para o cristão, o morrer-ressurgir representa um binômio verdadeiramente inseparável, que lhe permite ler todo o traçado da existência cotidiana como um progressivo desenvolvimento daquele mistério de ressurreição, que terá sua plenitude na exaltação da Jerusalém celeste.

Na assunção dos dons eucarísticos, cantamos a inebriação de viver a fidelidade divina que, por meio da ação de graças, se dá à comunidade cristã, para que ela cresça na consciência de que o Pai é tão fiel, em Cristo Jesus, à súplica de sua comunidade que lhe doa a presença sacramental do Filho morto e ressuscitado, para dilatar na vivência cotidiana a beleza e a fecundidade da vida.

Desse modo, torna-se verdadeira e atual a promessa feita por Jesus no momento da vocação dos discípulos: "Vinde e vede" (Jo 1,39), feita na última ceia: "E o que pedirdes ao Pai em meu nome eu farei, para que o Pai seja glorificado no Filho. Se me pedirdes algo em meu nome, eu o farei" (Jo 14,13-14). O Ressuscitado reza continuamente ao Pai para que cada discípulo seu possa reviver, em sua história pascal, sua luta de salvação.

É o que acontece na oração eucarística, a celebração da fidelidade do Pai em Cristo pela comunidade dos discípulos, os quais, no Mestre morto e ressuscitado no poder do Espírito, se entregam nas mãos do Pai.

O Pai jamais decepciona, e a celebração da oração eucarística representa a constante fidelidade do Pai à Igreja a caminho. Jesus no-lo confirma em sua oração sacerdotal: "Agora, ó Pai, glorifica-me com a glória que eu tinha junto de ti, antes que existisse o mundo" (Jo 17,5).

Jesus cumpriu a obra do Pai revelando seu amor à humanidade na árvore da cruz, e a experiência da ressurreição representa o cumprimento da fidelidade divina, conforme ele próprio afirmou durante a última ceia: "Saí de meu Pai e vim ao mundo; outra vez deixo o mundo e vou para o Pai" (Jo 16,28). A experiência inteira de Jesus é destinada a tornar-se realmente nossa história. A condição é que nosso olhar crente esteja sempre fixo no olhar de Jesus. Nessa atitude, experimentamos aquela fidelidade contínua do Pai, que nos impede de ser dominados pelos medos da história cotidiana.

A doxologia final da oração eucarística canta a consciência crente da comunidade cristã, que experimentou a comunhão oblativa de seu Senhor e agora, com ele, retorna ao Pai. A beleza da experiência espiritual de cada discípulo que entra na oração eucarística é orientar-se para o alto, de modo que cada um de nós, nascido do alto, por meio da viva e constante imitação da morte-ressurreição de Jesus, possa, de modo inesgotável, tender para o alto.

A sabedoria do Evangelho

A vocação para fazer as experiências da glorificação do Pai e do processo de comunhão que caracterizam a união entre o Pai e o Filho exige que sejamos verdadeiramente discípulos de Jesus. É o convite que ele dirige aos discípulos após o gesto do lava-pés: "Vós me chamais de Mestre e Senhor, e dizeis bem, porque realmente eu o sou. Se eu, o Senhor e Mestre, vos lavei os pés, também vós deveis lavar-vos os pés uns aos outros. Eu vos dei um exemplo, para que vós também façais como eu fiz. Eu vos afirmo, e esta é a verdade: não é o servidor maior que seu patrão, nem o enviado maior que aquele que o envia. Já que sabeis disto, sereis felizes se o praticardes" (Jo 13,13-17).

Nesse texto descobrimos o itinerário no qual deve entrar a comunidade cristã. Os primeiros discípulos aproximaram-se de Jesus no início de sua vida pública e lhe perguntaram: "Rabi — que quer dizer Mestre —, onde moras?" (Jo 1,38), e na conclusão de sua luta pascal exprimem sua fé por meio do apóstolo Tomé: "Meu Senhor e meu Deus" (Jo 20,28). Esse itinerário, que animou os discípulos ao seguimento de Jesus, torna-se na Igreja uma sacramental contemplação do Ressuscitado, Senhor da comunidade cristã, fazendo-o tornar-se, no constante processo da imitação, o único Mestre. Percebemos, então, como toda a existência de cada batizado vive e se constrói na total atração por Jesus morto e ressuscitado, a fim de aprofundar sua experiência pascal. Jesus é o Mestre que ilumina o sentido de nossa vida, para que possamos amadurecer em suas categorias existenciais, a fim de ler a história cotidiana na ótica da cruz gloriosa. Dessa angulação, a oração eucarística representa a "cátedra sacramental" que ilumina e guia nossos passos com a energia criadora do Espírito, para amar cada ser humano com o coração pascal do Pai. Semelhante experiência torna-se princípio interpretativo da vida cotidiana. O exemplo, nesse sentido, é novamente oferecido por Jesus no momento da última ceia, quando Judas sai para realizar a traição. Assim narra o evangelista João:

"Apenas Judas saiu, Jesus disse: "Agora foi glorificado o Filho do Homem, e Deus foi glorificado nele. Se Deus foi glorificado nele, Deus também o glorificará dentro em breve" (Jo 13,31-32).

Diante da dramática situação histórica da traição de Judas, Jesus vê nesse acontecimento a realização do mistério de sua comunhão com o Pai.

Ele não se detém em considerações simplesmente humanas, nas quais o eu psicológico ou racionalista teria outras reações, mas sua comunhão com o Pai torna-se chave de interpretação da história. A luz que ilumina seus passos é sempre só a comunhão com o Pai e fazer sua vontade. Fora dos horizontes do Pai, Jesus não tem outros pontos de referência que determinem suas decisões de vida. É o que ocorre quando o Espírito Santo nos chama para celebrar os divinos mistérios. Na escola sacramental do Ressuscitado, que traz os sinais da paixão, somos convidados a inserir nossa existência cotidiana na história pascal de Jesus e a interpretá-la à luz do mistério pascal.

O mesmo convite à reciprocidade do amor (cf. Jo 13,34-35) deve ser lido nessa linha. A verdade do amor é ler a vida na ótica da união que existe dentro do mistério trinitário. A verdade do amor é ler e interpretar a história cotidiana com o coração do Amado. Com efeito, ao sintonizar com o coração de Cristo, vivemos a comunhão que existe entre o Pai e o Filho. Assim, a luz do Pai, por participação, também ilumina nossas experiências históricas, para crescermos em sua fascinante liberdade.

Na convocação eucarística semanal, a comunidade cristã se deixa atrair no diálogo de amor entre o Pai e o Filho e é guiada pelo Espírito Santo para interpretar as lutas cotidianas à luz da sabedoria evangélica: o mistério pascal da cruz gloriosa.

O verdadeiro drama da Igreja é esquecer o imediato ponto de referência na compreensão da própria história (cf. 1Cor 1,18–2,15) e deixar-se guiar pelas linguagens imediatas de simples interpretação humana. Quando surgirem em nosso espírito dramáticas interpretações existenciais, deixemo-nos atrair totalmente pelo Crucificado, para viver a inebriação espiritual da ressurreição, para caminhar na esperança, que é certeza de que a Deus nada é impossível.

Desse modo, a comunhão com o Mestre ajuda os discípulos a assumir sua mentalidade e a assimilar sua sabedoria.

Conclusão

A celebração eucarística representa o lugar em que o mistério da glorificação do Pai, por Jesus, é sempre atual, e onde os batizados são chamados a reviver sua interioridade. Para eles, a presença do Ressuscitado representa a constante e fecunda fidelidade do Pai, que faz que a hora da cruz se torne lugar para manifestar a admirável união entre o Pai e o Filho, e a luz que opera no coração de cada discípulo faz ler no estilo evangélico as vicissitudes evangélicas cotidianas.

É na fidelidade divina, celebrada nos divinos mistérios, que a comunidade cristã revive a esperança que vem do alto e aprofunda a certeza de que nunca será desiludida, enquanto com seu Senhor retorna ao Pai.

Ó Pai,
nossa face é um pensamento inefável
que gerastes desde a eternidade,
e que em Cristo, vosso Filho,
assume toda a sua plenitude e fecundidade;
guiai-nos no caminho da vida
para desejarmos vossa glória,
como fez Jesus,
nosso Senhor e Mestre,
para vivermos de sua sabedoria neste mundo
e, depois, cantarmos eternamente
vossa inesgotável fidelidade.
Amém.

Eu te glorifiquei sobre a terra, cumprindo a obra que me destinaste

Cada ser humano vive na própria pessoa um intenso desejo de autenticidade de vida e está em busca de quem poderá ajudá-lo a realizar tal desejo. Quem quer que siga o caminho evangélico tem o dom de ser um profeta vivente da alegria da vida, em favor dos irmãos que encontra pelos caminhos da história. Na experiência da fé, o cristão é chamado a participar da experiência da filiação de Jesus, a saborear o dom da paternidade divina e a dizer e a dar ao mundo a imagem do verdadeiro ser humano. Essa vivacidade é vivenciada particularmente na comunidade cristã, especialmente na atração sacramental, na qual operam Cristo Jesus e o Espírito Santo, que a tornam participante da comunhão com o Pai.

Na pessoa de Jesus temos acesso à face do Pai e cantamos a alegria da vida. É o movimento sacramental que revivemos continuamente na dinâmica própria da oração eucarística: do Pai ao Pai no Espírito por meio do Cristo. Aqui se canta na e com a Igreja o fascínio e a exultação de viver nas três Pessoas divinas. A beleza da escolha cristã é abrir continuamente espaço, simultaneamente, à invasão e à acolhida da história pascal das três Pessoas divinas, para que nelas seja realizado um processo de radical transformação da comunidade cristã, tornando-a sinal da novidade que o Ressuscitado trouxe ao mundo. Com frequência o cristão se pergunta que sentido tem sua vida, para aprofundar seu valor e, assim, comunicá-lo aos irmãos. A celebração eucarística ajuda-o, estimula-o a deixar-se plasmar pelo agir do Cristo, para redescobrir o sentido para o qual é chamado a dar significado à sua vida; é a apropriação da obra que o Cristo dá para ser vivida: a comunhão trinitária e eclesial, compartilhando a vocação oblativa do Filho. A contemplação do Mestre, no evoluir da oração sacerdotal, cresce sempre mais e permite-nos entrever mais profundamente o significado de sua existência.

Jesus realiza a obra do Pai

Uma leitura atenta do Evangelho nos faz intuir como Jesus alcança, pela relação viva e constante com o Pai, o sentido a ser dado à sua vida e as modalidades para desenvolvê-la em vista da plenitude pascal.

Dialogando com os discípulos no poço de Sicar, Jesus afirma: "Meu alimento é fazer a vontade daquele que me enviou e levar a cabo sua obra" (Jo 4,34).

O agir messiânico de Jesus manifesta a ativa vontade do Pai de amar a humanidade e de conduzi-la à plenitude da vida, é o sinal vivo da realização do plano do Pai sobre o ser humano. Tal e tamanha é a sintonia entre os dois que a obra do Pai se torna obra do Filho e implica um fluxo e refluxo de amor que se dá à história e uma obediência que nunca cessa de amar.

É a ativa relação histórico-salvífica que subsiste entre o Pai e o Filho. O agir do Filho é revelar a face do Pai, que é amor pela humanidade inteira.

Em seu agir, Jesus manifesta continuamente sua comunhão com o Pai e o desejo de fazer somente aquilo que lhe agrada. Se entrarmos na interioridade de Jesus, perceberemos que ele agiu sempre e somente segundo os planos do Pai.

O evangelista João nos lembra isso continuamente, quando põe nos lábios do Mestre os motivos de sua existência:

> "Meu Pai continua a trabalhar até agora, por isso eu também trabalho" (5,17).
>
> "Eu vos afirmo, e esta é a verdade: o Filho nada pode fazer por si mesmo, a não ser o que vê o Pai fazer. Tudo o que ele fizer, fará igualmente o Filho" (5,19).

> "Não posso fazer nada por mim mesmo. Julgo segundo o que ouço; e meu julgamento é justo, porque não procuro a minha vontade, mas a vontade daquele que me enviou" (5,30).
> "Mas tenho um testemunho maior que o de João: as obras que o Pai me deu para cumprir. Essas obras eu as faço e dão o testemunho de que o Pai me enviou" (5,36).
> "Se eu não faço as obras do meu Pai, não acreditais em mim; mas se as faço, mesmo que não creiais em mim, acreditai em minhas obras, para que saibais uma vez por todas que o Pai está em mim e eu no Pai" (10,37-38).

Por meio de seu agir, "Eis que eu renovo todas as coisas" (cf. Ap 21,5), Jesus revela a pessoa do Pai e conduz cada criatura a contemplar a fonte e a meta da existência. É na essencial dimensão da obediência do Cristo que o Pai glorifica o Filho e manifesta ao mundo a maravilhosa comunhão que anima sua recíproca relação. Essa experiência de Cristo é sempre atual na vida sacramental da comunidade cristã. Na celebração eucarística, Cristo continua a realizar a obra do Pai, atraindo a si os discípulos e inserindo-os na viva relação trinitária. É interessante, desse ponto de vista, a expressão de fé da Igreja na quarta oração eucarística:

> "E, a fim de não mais vivermos para nós,
> mas para ele,
> que por nós morreu e ressuscitou,
> enviou de vós, ó Pai, o Espírito Santo,
> como primeiro dom aos vossos fiéis
> para santificar todas as coisas,
> levando à plenitude sua obra".

Aquele evento único e irrepetível do Verbo encarnado, morto e ressuscitado, deve animar cada ser humano que vem ao mundo. O papa nos lembra isso em sua encíclica sobre a Eucaristia: "Se é com o dom do Espírito Santo em Pentecostes que a Igreja nasce e se encaminha pelas estradas do mundo, um momento decisivo de sua formação foi certamente a instituição da Eucaristia no Cenáculo. Seu fundamento e sua fonte é todo o *Triduum Paschale*, mas este está de certo modo contido, antecipado e 'concentrado' para sempre no dom eucarístico. Neste, Jesus Cristo entregava à Igreja a atualização perene do mistério pascal. Com ele, instituía uma misteriosa 'contemporaneidade' entre aquele *Triduum* e o arco inteiro dos séculos" (n. 5).

Aquela obra de ativa obediência ao querer do Pai, que foi toda a sua vida, o Ressuscitado continua a torná-la atual de modo sacramental na Igreja, a fim de que os seres humanos entrem em seu mistério de morte e de ressurreição e abram seu coração à transfigurante contemplação do Pai.

Se nos deixarmos conduzir espiritualmente pela segunda oração eucarística, perceberemos de que modo o Pai continua nela sua obra de salvação mediante o agir pascal do Filho, sempre atual na celebração da última ceia:

> "Na verdade, ó Pai, vós sois santo
> e fonte de toda santidade.
> Santificai, pois, estas oferendas,
> derramando sobre elas o vosso Espírito,
> a fim de que se tornem para nós
> o Corpo e o Sangue de Jesus Cristo,
> vosso Filho e Senhor nosso.
> Estando para ser entregue
> e abraçando livremente a paixão,
> ele tomou o pão,
> deu graças..."

Essa dimensão sacramental nos introduz no diálogo salvífico dentro da Santíssima Trindade, que se torna atual na Páscoa de Jesus e nos regenera em sua obra pascal. No estilo da bênção, própria da oração eucarística, somos inseridos na docilidade do Filho, nas mãos do Pai, na fecundidade do Espírito Santo que guia e sustenta a obediência de Jesus em sua dedicação pascal para a salvação da humanidade inteira. O envolvimento na dinâmica da oração eucarística faz que sejamos regenerados na nova vida do Cristo, saboreando a transfigurante vida divina, à espera da plenitude da glória.

Essa experiência ritual constrói-se na mentalidade do Mestre, que viveu cada instante das lutas históricas no hoje do Pai. Se o Filho realiza sacramentalmente a obra do Pai no caminho da história, cada batizado deve continuamente situar-se nas melhores condições, a fim de fazer frutificar a iniciativa divina.

A obra que nos é solicitada para estarmos no agir de Jesus é a fé, conforme ele mesmo dizia aos judeus: "A obra de Deus é que acrediteis naquele que ele enviou" (Jo 6,29). Consequentemente, somos chamados a redescobrir o significado de cada instante nosso como graça, como evento de obediência, como lugar de opção e de intuição espiritual, como momento de eternidade no tempo, como canto de gratidão, como escola e liberdade.

O que importa é que saibamos colocar nossa história na história de Deus: é o que acontece na oração eucarística. Nossa celebração, então, não é mais a simples execução de um rito, mas o compartilhamento da experiência de Jesus, que, hoje, conosco e por nós, realiza a obra do Pai. Esse é o fascínio, essa é a grande responsabilidade da celebração dos divinos mistérios.

Jesus oferece a sua vida

Jesus é a porta através da qual cada ser humano tem acesso à experiência da vida eterna. Ele nos disse isso claramente: "Eu sou a porta. Quem por mim entrar será salvo e poderá entrar e sair e achará pastagens" (Jo 10,9). De certa maneira, a oração eucarística é para nós a porta para entrar na experiência pascal de Cristo, revivendo a obra do Pai, na qual está a vida do ser humano. Na dinâmica própria da hora, Jesus assim reza: "Pois tens dado ao Filho autoridade sobre todos os homens, para que dê vida eterna aos que lhe deste" (Jo 17,2).

A obra que Jesus lhe pediu que realizasse é dar a vida eterna.

Na imagem do Bom Pastor, ouve-se ressoar nos lábios de Jesus estas palavras: "... e dou a vida pelas minhas ovelhas... Se o Pai me ama é porque dou minha vida para retomá-la de novo... Este é o mandamento que recebi de meu Pai" (Jo 10,15.17-18). Jesus se entrega livremente nas mãos do Pai, conforme nos lembra a segunda oração eucarística, e, ao oferecer sua existência na cruz para a humanidade inteira, torna participantes da vida eterna todos os seres humanos, que nada mais é senão alcançar a maravilhosa comunhão que existe entre o Pai e o Filho, na qual todos os seres humanos são chamados a inserir-se.

Na oblação de Jesus na cruz, "canta-se" unicamente o dom da vida, o mistério da comunhão, na qual está a vida. Desse modo, quem oferece sua vida não só não a perde, mas a readquire com maior luminosidade, exatamente como no evento da ressurreição. É a mentalidade que amadurecemos todos os dias, quando celebramos os divinos mistérios que nos introduzem na vida que não conhece limites, conforme nos ensina a anamnese da terceira oração eucarística:

> "E, enquanto esperamos sua nova vinda,
> nós vos oferecemos em ação de graças
> este sacrifício de vida e santidade".

Essa perspectiva escatológica permite-nos compreender algumas expressões muito severas do Mestre, que são verdadeiras para todo aquele que queira identificar-se em seu mistério pascal. Ressoam, com efeito, em nossos ouvidos as palavras de Jesus: "Quem ama sua vida a perderá; quem, neste mundo, odeia sua vida a guardará para a vida eterna" (Jo 12,25). Quem entra sacramentalmente no morrer de Jesus cresce em seu ressurgir, à espera da plenitude da glória. Surge em nós, imperiosa, a interrogação sobre o significado do perder e do dar a vida. O dar a vida, em sua acepção, parte da convicção de que o ser humano é essencialmente gratuidade para elaborar um plano de comunhão fraterna. É aquele estilo de vida que anima toda forma de sacrifício que atinja sua verdade no gesto da oblação e da restituição da vida a Deus, para que cada criatura humana reencontre a si mesma na comunhão trinitária. Jesus, dando a vida, nada mais fez senão comunicar a cada ser humano a comunhão que gozava junto ao Pai, de modo que cada pessoa pudesse se relacionar com Ele. A dimensão do convívio do sacrifício eucarístico insere-nos nessa experiência de comunhão.

Tudo na celebração eucarística fala de gratuidade e de dom, de comunhão e de verdade, de doação e de restituição: elementos que nos deixam entrever como no evento eucarístico os batizados são introduzidos na comunhão salvífica das três Pessoas divinas. João Paulo II reforça, em sua encíclica, essa necessária consciência de que a Eucaristia seja, por excelência, o dom do Cristo à humanidade inteira. "A Igreja recebeu a Eucaristia de Cristo, seu Senhor, não como um dom, embora precioso, entre muitos outros, mas como *o dom por excelência*, porque dom dele mesmo, da sua pessoa na humanidade sagrada, e também da sua obra de salvação" (n. 11). Essa consciência é expressa no final da oração sacerdotal, e é muito semelhante à epiclese de comunhão na oração eucarística: "... como tu estás em mim e eu em ti... Eu lhes dei a glória que tu me deste, para que sejam um, como nós somos um: eu neles e tu em mim, para que sejam perfeitamente unidos..." (Jo 17,21-23). Todo o processo da oração eucarística vive da intencionalidade de Jesus, que, ao dar sua vida na oblação pascal, quer tornar todos os seres humanos participantes do mistério da comunhão trinitária (cf. Jo 11,52).

Jesus, em sua história pascal, cumpre a vontade de comunhão do Pai. É exatamente no dar a vida que se gera a comunhão entre os seres humanos. Durante a celebração eucarística, o rito de molhar um pedaço de pão consagrado no cálice do vinho nos faz compreender, no contexto do canto do Cordeiro de Deus, que a comunhão, significada no pedaço de pão, é possível se o ser humano se deixa impregnar pelo sangue oblativo do Cordeiro, que tira o pecado do mundo e conduz a humanidade à sua primordial vocação para a comunhão. É o sangue da oblação pascal que cria comunhão na partilha do pão eucarístico. A consagração do vinho no cálice dá sentido à consagração do pão e lhe oferece sua vitalidade. O cristão, na experiência crente, sente a profundidade desse mistério.

A verdade da comunhão emana da morte a tudo o que não gera comunhão, para saborear o crescimento da verdadeira comunhão que é vida eterna.

Jesus, portanto, nos dá a vida eterna porque, pelo fato de viver a hora do Pai, nos introduz na comunhão com o próprio Pai. Nisto Jesus nos educa para a verdadeira dinâmica da existência que nada mais é senão a ação de graças diária ao Pai e a escolha do Tudo, renunciando a tudo, para estar em comunhão com o Pai e com o cosmos inteiro. É a conclusão do "prefácio" da quarta oração eucarística:

"Com eles, também nós,
e, por nossa voz, tudo o que criastes,
celebramos o vosso nome,
cantando".

Aqui redescobrimos a autêntica realização da liberdade do ser humano.

Ele, com efeito, vê-se verdadeiramente livre quando dá graças ao Pai, "narrando" sacramentalmente sua história de salvação, no esquecimento de si mesmo, para adquirir sua verdade existencial, que se traduz na inebriação da doxologia.

Aqui estão a plenitude do holocausto, a verdade do sacrifício de comunhão, a fecundidade regeneradora da expiação; aqui aparece o mundo verdadeiramente regenerado.

O dom do conhecimento divino

A comunidade cristã, vivendo o mistério da glória como experiência de comunhão e de total dedicação ao Pai, em um clima fortemente eucarístico, consegue compreender o versículo central do início da oração sacerdotal de Jesus: "A vida eterna consiste em que te conheçam a ti, verdadeiro e único Deus, e a Jesus Cristo, teu enviado" (Jo 17,3). O cumprimento da hora, a assunção do processo de glorificação do Pai, a oblação em seu mistério, a construção do processo de comunhão possuem a clara finalidade de introduzir os discípulos de Cristo no conhecimento do Pai e do Filho.

A vivência evangélica, com efeito, se insere em um processo de conhecimento trinitário que nada mais é senão a transformação nas três Pessoas divinas que vêm habitar em nós. O conhecimento evangélico vive e se constrói na comunhão, que é "transmutação" dos batizados na vida trinitária.

Uma semelhante experiência de conhecimento, que constitui o centro da contemplação em Deus da história da salvação, atinge a verdade na doxologia da oração sacerdotal: "Pai justo, o mundo não te conhece, mas eu te conheço, e estes também sabem que tu me enviaste. Fiz que conhecessem teu Nome e os farei conhecê-lo ainda, para que o amor que tens por mim esteja neles e para que eu mesmo esteja também neles" (Jo 17,25-26).

A doxologia eucarística, com efeito, constitui o lugar do verdadeiro "conhecimento" trinitário, porque na dinâmica de comunhão do Espírito Santo o Cristo nos faz alcançar a intimidade do Pai, transforma-nos na vida divina, faz-nos viver de sua comunhão que jamais termina.

A doxologia, portanto, nada mais é senão cantar a inebriação de ser libertados pela Páscoa de Jesus e a vitalidade da vida de comunhão. Quem sabe proclamar a história de Deus na experiência eucarística aprende a conhecer o Deus da revelação.

A experiência cognoscitiva do Mestre passa pelo evento da cruz, no qual se revela a inefável relação de amor que existe entre o Pai e o Filho. O próprio Jesus afirmou: "Quando tiverdes levantado o Filho do Homem, então sabereis que 'Eu Sou'" (Jo 8,28).

Nesse contexto, também ressoam em nosso coração as outras palavras do Mestre: "Mas eu, quando for elevado da terra, atrairei todos a mim" (Jo 12,32).

O conhecimento de Jesus é elaborado por meio do encontro cotidiano entre o evento da cruz e a nossa assunção nele, entre a oferta de uma experiência de comunhão e o envolvimento efetivo nela. É o que celebramos cada dia no mistério eucarístico, como nos lembra o memorial da quarta oração eucarística:

"Celebrando, agora, ó Pai,
a memória da nossa redenção,
anunciamos a morte de Cristo
e sua descida entre os mortos,

proclamamos a sua ressurreição
e ascensão à vossa direita,
e, esperando a sua vinda gloriosa,
nós vos oferecemos o seu Corpo e Sangue,
sacrifício do vosso agrado
e salvação do mundo inteiro".

Se nos deixarmos assumir nesse mistério e o tornarmos o verdadeiro significado da vida fraterna, aprenderemos a conhecer o Pai.

O evangelista João, com efeito, o havia claramente comunicado no prólogo com a narração dos vários momentos que caracterizaram o evento da encarnação pascal do Verbo:

"E o Verbo se fez carne
e habitou entre nós.
Nós vimos sua glória,
glória que recebe de seu Pai como Filho Único, cheio de graça e verdade" (1,14).

"Todos recebemos de sua plenitude
graça após graça" (1,16).

"Ninguém jamais viu a Deus.
O Filho Único, Deus,
que está voltado para o seio do Pai, o revelou" (1,18).

Esse confronto entre a oração eucarística e o prólogo joanino faz-nos intuir que a síntese do quarto Evangelho está toda na oração eucarística, que constitui o cotidiano desvelamento cognoscitivo da face do Pai.

Esse processo revelativo da face do Pai vive sua verdade e fecundidade na oração eucarística que nos assemelha a Cristo, que vive a hora do Pai e abre nosso coração para sua face.

O fato de que, após a oração eucarística, a assembleia litúrgica, ritualmente, na mesma posição das palmas das mãos erguidas para o alto, como o sacerdote durante a oração eucarística, proclame a oração do Senhor faz-nos entrever claramente como a finalidade de nossa inserção no processo da história da salvação, que se conclui com a doxologia, é a fecunda atração-contemplação do Pai, com Cristo, no Espírito. É o que experimentamos ao rezar: "Pai nosso que estás no céu", no início do rito da comunhão.

A beleza da oração eucarística emerge, então, em toda a sua luminosidade ao partilhar o "eu sou" de Jesus, de modo que se tornem participantes de sua vida divino-humana todos os seres humanos, na qual nos encontramos como criaturas plenamente realizadas, segundo o maravilhoso plano do Pai para a humanidade inteira.

Conclusão

Cada discípulo é chamado a viver em e como Jesus a obra do Pai, de modo que também em sua vida possa realizar o fecundo princípio do testemunho: "Aquele que viu dá testemunho, e seu testemunho é verdadeiro. E ele sabe que diz a verdade, para que vós também acrediteis" (Jo 19,35).

Com o olhar voltado para a cruz, João escreve seu Evangelho.

Também nós, se nos deixássemos atrair pela hora crucificada e gloriosa de Jesus, aprenderíamos a ver, a contemplar e a saborear a glória do Unigênito, conheceríamos o Pai e construiríamos nossa existência no estilo da oração eucarística, oferecendo a cada irmão que encontrássemos nos caminhos da história a inefável experiência da face do Pai. A fecundidade da celebração eucarística se traduzirá no narrar com nossa história cotidiana o amadurecimento progressivo na existência do Mestre e o desenvolvimento do conhecimento divino, amando a hora do Pai, em cada decisão diária, à espera do exultante conhecimento trinitário na glória inesgotável das realidades do céu.

Ó Pai,
conhecer a vós é estar na vida.
Orientai nosso ser

para a incessante contemplação
da cruz do vosso Filho Jesus Cristo,
para sermos inebriados
de seu poder pascal
e crescer na comunhão convosco,
único significado de nossa existência.
Amém.

Eles olharão para aquele que transpassaram

A comunidade cristã vive da presença do Mestre que a regenera no caminho da existência cotidiana, para que quem habita nele passe sempre da morte à vida e se torne testemunha da fidelidade do Pai no ler e amar cada instante da história. Os discípulos de Cristo aprendem a conhecer o Pai assumindo a experiência existencial do Mestre, com o entusiasmo próprio da fé da Igreja apostólica, assim como nos dá testemunho disso o evangelista João:

> "Eu te afirmo, e esta é a verdade: nós falamos do que sabemos e damos testemunho do que vimos, mas não recebeis nosso testemunho" (Jo 3,11).
>
> "Simão Pedro respondeu: 'Senhor, a quem iremos? Tu tens palavras de vida eterna. E nós acreditamos e conhecemos que tu és o Santo de Deus'" (Jo 6,68-69).
>
> "Nós vos anunciamos o que era desde o princípio, o que ouvimos e vimos com nossos olhos, o que contemplamos, o que tocamos com nossas mãos a respeito do Verbo da Vida. Porque a Vida se manifestou, e nós a vimos e damos dela testemunho, e vos anunciamos a Vida eterna, que estava ante o Pai e se manifestou a nós. Nós vos anunciamos o que vimos e ouvimos para que vivais vós também em comunhão conosco. E essa nossa comunhão é com o Pai e com seu Filho, Jesus Cristo" (1Jo 1,1-3).

Somos chamados a nos deixar transformar pelo Cristo morto e ressuscitado, assumindo a profecia de Zacarias (12,10) lembrada pelo evangelista, enquanto contempla o Crucificado: "Contemplarão aquele que" (Jo 19,37).

A viva acolhida na oração e na fé do evento da crucificação do Mestre representa o caminho para conhecer o plano divino sobre o ser humano e a condição para o desenvolvimento de uma autenticidade de vida. Quem tem fixo no coração o olhar no Crucificado é inundado pelos rios do Espírito, que gera a esperança do possível no impossível. É a realização da oração de Jesus na festa das Tendas: "No último dia, que é o mais solene da festa, Jesus dizia, de pé, em alta voz: 'Se alguém tiver sede, venha a mim e aquele que crer em mim beba' conforme diz a Escritura. Do seu seio correrão rios de água viva. Disse isto falando do Espírito que haviam de receber os que acreditassem nele; pois ainda não fora dado o Espírito, visto como Jesus ainda não tinha sido glorificado" (Jo 7,37-39). Estar no Crucificado quer dizer, para o crente, contemplar o Ressuscitado e ser inundado pelos rios do Espírito Santo.

De certo modo, essa é a experiência que cada batizado é chamado a assumir quando, na assembleia litúrgica, se sente atraído com todo o seu ser a penetrar no mistério do Crucificado, que domina sobre toda a assembleia celebrativa, e a saborear a plenitude do Ressuscitado que nos comunica seu Espírito.

É somente se reencontrando no Crucificado que o batizado pode saborear a dilatação da fecundidade da ressurreição e reencontrar a esperança na construção da vida de todos os dias.

Discípulos do Crucificado

Quando, cada manhã, nos abrimos para a consciência de ser criaturas chamadas a crescer na vida que vem do alto, somos convidados pelo Espírito Santo a ser discípulos atentos do Crucificado glorioso, para aprender dele, e só dele, qual deva ser a luz que ilumina nossos passos para amadurecer na alegria da vida.

Todo aquele que escolhe, no Espírito Santo, seguir a Jesus assume cada dia o convite do Mestre: "Vinde e vede" (Jo 1,39), para morar nele no tempo da Igreja e poder chegar, no final da história, a ser plenamente semelhante ao Mestre.

O olhar crente do discípulo voltado para o Crucificado exprime o intenso morar em seu lado trespassado, para ser existencialmente nutrido, no Espírito, com aquele Sangue e aquela água (cf. Jo 19,34), que dão testemunho da atualidade sacramental do Mestre (cf. 1Jo 5,6-8).

O convite de Jesus para segui-lo é um chamado para entrar em sua Páscoa, porque o discípulo deve assumir pessoalmente toda a luta do Mestre. É a contemplação histórico-salvífica que nos comunica a oração eucarística, sobretudo na ampla narração da quarta oração eucarística. Ainda hoje ele nos chama ao cotidiano seguimento para contemplar a glória do Pai na celebração eucarística. O mistério pascal de Jesus e a sua celebração na Eucaristia são, assim, tão unidos que cada discípulo do Mestre faz deles uma viva experiência toda vez que, no seguimento, canta as maravilhas do amor do Pai na convocação da missa. Uma verdade similar exige, necessariamente, um particular estilo de vida. Na luz de sua Páscoa, a vontade de acompanhá-lo se insere no radicalismo do estilo de vida e na primazia de sua pessoa na escolha de todos os dias. Aquele "vinde" de Jesus deve-se traduzir necessariamente no entusiasmo próprio do neófito, expresso pela espontaneidade de Tomé: "Vamos, também para morrermos com ele!" (Jo 11,16), porque nosso ideal evangélico é deixar-nos atrair na plenitude da fecundidade do Mestre, morrendo e ressuscitando com ele. Cada discípulo pressente sempre em seu coração essa premente exigência.

A ausência de tal vitalidade interior torna a celebração eucarística um simples ritual e faz nos viver uma existência cotidiana privada de vitalidade pascal. Estamos diante da continuidade do drama evangélico: a incompreensão da pessoa de Jesus pelos seus ouvintes. O Verbo encarnado apresenta-se à história da humanidade para oferecer a plenitude do dom da vida, e o ser humano se fecha em suas inseguranças e rejeita o dom de Deus. Também a nós, como a Pedro, o Ressuscitado repete continuamente e de modo incondicional: "Segue-me" (Jo 21,22). Somente quem vive, no poder do Espírito Santo, a coragem de seguir os passos de Jesus celebra de modo fecundo os divinos mistérios.

O entusiasmo pascal do cristão se fundamenta unicamente nessas palavras de Jesus, que iluminam toda treva que poderia surgir no espírito humano, atingido e arrasado por tantas expectativas e preocupações históricas.

Semelhante caminho é verdadeiramente possível para nós porque em Cristo já estamos sacramentalmente no Pai.

Em Jesus, acolhido à direita do Pai, já vivemos essa condição: é a oração de Jesus na última ceia que encontramos em cada oração eucarística no momento da epiclese da comunhão.

Assim rezou Jesus:

> "Pai, aqueles que me deste, quero que eles também estejam onde eu estiver, para que contemplem minha glória, aquela glória que me deste por me teres amado antes da criação do mundo" (Jo 17,24).

Assim reza a Igreja na terceira oração eucarística:

> "Olhai com bondade a oferenda da vossa Igreja,
> reconhecei o sacrifício
> que nos reconcilia conosco
> e concedei que, alimentando-nos
> com o Corpo e o Sangue do vosso Filho,
> sejamos repletos do Espírito Santo
> e nos tornemos em Cristo
> um só corpo e um só espírito".

Esse itinerário é verdadeiramente possível porque Jesus se revela a nós como o único caminho a ser percorrido para concretizar sua missão de abrir nossas existências para o infinito de Deus, na perspectiva da plenitude da vida eterna. Ele, com efeito, se apresenta como "Caminho, Verdade e Vida" (Jo 14,6).

Jesus é o caminho, porque no seguimento cotidiano nos deixamos atrair pela experiência de sua Páscoa em Jerusalém. Imitando-o e fazendo de sua pessoa a luz dos nossos passos, ele nos introduz na verdade, na comunhão com o Pai que nos manifestou na plenitude da Páscoa. Consequentemente, ele é a vida, porque nos faz gozar eternamente a comunhão intratrinitária. Lavando "sacramentalmente nossos pés", Jesus nos comunicou a plenitude de sua experiência divino-humana e nos introduziu para sempre na luz que não conhece ocaso. Na oração eucarística para diversas circunstâncias I, II, III e IV, a comunidade cristã assim revive sacramentalmente essa experiência:

> "Olhai com bondade,
> para a oferta da vossa Igreja.
> Nela apresentamos
> o sacrifício pascal de Cristo,
> que vos foi entregue ".

O próprio Jesus nos disse: "Eu sou a luz do mundo; quem me segue não caminhará nas trevas, mas terá a luz que conduz à vida" (Jo 8,12).

A esse respeito, João Paulo II afirma na encíclica da Eucaristia: "Assim, ele, o sumo e eterno Sacerdote, entrando com o sangue da sua cruz no santuário eterno, devolve ao Criador e Pai toda a criação redimida. E o faz mediante o ministério sacerdotal da Igreja, para glória da Santíssima Trindade. Verdadeiramente este é o *mysterium fidei* que se realiza na Eucaristia: o mundo saído das mãos de Deus criador volta a Ele redimido por Cristo" (n. 8).

Somos criaturas novas em Cristo

Nossa parada contemplativa aos pés da cruz faz-nos acolher o dom da efusão do Espírito, a comunhão oblativa no sangue, a salvação do mundo que emana da água que jorra para a vida eterna.

Nessa atração, sentimos-nos criaturas novas, que, nascendo do alto, renascem da água e do Espírito Santo e caminham na história por meio da plena docilidade ao Espírito Santo. Quem se abre para os rios do Espírito na fé, no sacramento e no amor ao hoje histórico sente em si mesmo o fluir de uma novidade de vida que nada mais é senão o amadurecimento na pessoa de Cristo.

É a bela visão que nos oferece a primeira carta de João: "Quem vence o mundo senão quem acredita que Jesus é o Filho de Deus? Foi ele quem veio pela água e pelo sangue: Jesus Cristo. Não só na água, mas na água e no sangue. E é o Espírito que dá testemunho, porque o Espírito é a verdade. Porque são três os que dão testemunho: o Espírito, a água e o sangue, e os três são concordes" (1Jo 5,5-8).

Essas três realidades (o Espírito, a água e o sangue) significam a plenitude da personalidade de Cristo, na qual o discípulo do Senhor é introduzido para ser verdadeiramente ele mesmo. É a verdade pascal que nos é comunicada por meio dos sacramentos da iniciação cristã, para que possamos, na vivência e nas decisões cotidianas, ser verdadeiros imitadores do Cristo.

Não por acaso, os Padres da Igreja entreviram na visão do lado de Cristo na cruz o fluxo da interioridade do Mestre no batismo-Eucaristia, do qual nasceu a Igreja. Podemos definir o cristão como o hoje do Espírito, da água e do sangue no tempo da Igreja, como a testemunha viva da constante atualidade do Mestre na vida da comunidade eclesial, como o sinal sacramental do agir criador das três Pessoas da Santíssima Trindade.

O discípulo do Senhor sente dentro de si como está sendo introduzido na mentalidade do Cristo, deixando-se guiar e habitar pelo Espírito, renascendo para uma nova vida pela água batismal, inserindo-se na oblação de Cristo pela celebração eucarística. O intenso desejo, presente no coração dos batizados, de renascer continuamente da água e do Espírito faz que anseiem pela celebração eucarística, para serem sempre criaturas novas. O movimento dentro da doxologia da primeira oração eucarística (Cânon Romano) é significativo:

"Por ele
não cessais de criar
e santificar estes bens
e distribuí-los entre nós.
Por Cristo,

com Cristo,
em Cristo,
a vós, Deus Pai todo-poderoso,
na unidade do Espírito Santo,
toda a honra e toda a glória,
agora e para sempre".

A beleza da vida cristã celebrada na Eucaristia emana de ser uma novidade que vem do Pai, em Cristo, e para ser em Cristo e no Espírito aquele canto novo de louvor ao Pai.

A novidade do cristão, então, é compreendida e amadurece no deixar espaço à interioridade de Jesus e à liberdade criadora do Espírito, de modo que tenha o olhar do coração tão em sintonia com o Mestre que viva nele e como ele a hora do Pai em cada celebração eucarística, para tornar-se um hino à Fonte de todos os dons.

O cristão é verdadeiramente ele mesmo porque é o sacramento vivo do Cristo vivo.

Em cada ato teologal e na participação ativa na celebração eucarística, ele descobre que nasceu da água, do sangue e do Espírito, e é posto na melhor condição possível para acolher o desvelamento da face do Pai e conhecê-lo. É no sacrifício de louvor que se realiza a intimidade entre as três Pessoas divinas e a comunidade cristã, que, assim, aprende a conhecer o Pai.

Consequentemente, todos os dias temos o conhecimento experimental do Cristo, que nos faz alcançar a face do Pai, porque no Espírito, na água e no sangue temos a vida, estamos na vida e gozamos a vida, aprendendo a saborear a intimidade com o Pai.

Essa é a experiência inefável que o cristão é chamado a aprofundar, em vista da plenitude da glória, especialmente no mistério eucarístico.

João, em sua primeira carta, no-la recorda: "Caríssimos, desde agora já somos filhos de Deus, embora ainda não seja manifesto o que viremos a ser. Sabemos que, quando Cristo aparecer, seremos semelhantes a ele, porque o veremos como ele é" (1Jo 3,2).

Uma semelhante verdade nos introduz na fecundidade da vida divina, que nada mais é senão a tomada de consciência de habitar na hora do Pai, de estar em transformadora relação com o Filho e de viver cada dia na liberdade criadora do Espírito.

O dom pascal de ser criaturas novas se expande na vivência cotidiana, se soubermos inebriar-nos pelo mistério da palavra de Deus, buscado, amado, contemplado e constantemente interiorizado na fé e na docilidade ao Espírito, como Jesus nos disse: "Vós já estais limpos por meio da palavra que vos tenho anunciado... Se permanecerdes em mim e minhas palavras permanecerem também em vós, então, pedi o que quiserdes e vos será concedido" (Jo 15,3.7). O discípulo, acolhendo a Palavra que dá testemunho do amor do Pai, fala do Pai, comunica o Pai, faz desejar o Pai, entra no mistério da vida. A condição que Jesus nos impõe é sentir que "O espírito é que dá vida; a carne de nada serve" (Jo 6,63), porque "não falei por minha conta, mas aquele que me enviou, o Pai, me determinou o que dizer e anunciar" (Jo 12,49).

A comunhão divina é gerada e se desenvolve "comendo a Palavra" e "matando a sede no Espírito", para amadurecer no diálogo com o Pai, fonte de vida. Inebriados pelo Espírito, assumimos a Palavra; vivendo a Palavra no Espírito, temos acesso ao Pai. Consequentemente, nos dons eucarísticos assumidos no âmbito do sacrifício de louvor, que se sedimenta na oração eucarística, recebemos o dom da plenitude pascal do Senhor, somos dessedentados por seu Espírito e crescemos em nossa dignidade filial para alcançar progressivamente a maturidade da fé. Estando sacramentalmente com o Cristo, se nos deixarmos envolver e qualificar por sua personalidade sacerdotal, tendo seus ideais e sentimentos, nossa vida de discípulos se expandirá e entrará de modo cada vez mais vivo no conhecimento do Mestre e, então, do Pai. Cada dia, verdadeiramente, se somos guiados pelo Espírito, penetramos nesse conhecimento e saboreamos a novidade dos tempos messiânicos.

Sigamos o Cordeiro

A inebriação de sermos criaturas novas é uma experiência extremamente dinâmica; a palavra de Deus e a Eucaristia operarão maravilhas em nós, se soubermos unir-nos a Cristo, primogênito de toda criatura, luz que ilumina cada ser humano que vem a este mundo.

Se nos aproximarmos do livro do Apocalipse, descobriremos a dinâmica de nossa existência de discípulos e entreveremos a meta de nossa existência: "Bem-aventurados aqueles que lavam suas vestes! Eles poderão dispor da árvore da vida e entrar na cidade pelas portas" (Ap 22,14).

Já nesse texto descobrimos a clara orientação de todo batizado para a plenitude da glória, mediante a celebração dos divinos mistérios, que nos introduz no jardim do Éden e nos faz saborear a comunhão divina, ao nos aproximarmos da árvore da vida. Com efeito, a oração eucarística, como celebração da nova e eterna aliança, nos oferece a inebriação de penetrar, por meio do Cristo morto e ressuscitado, na harmonia da comunhão divina, expressa biblicamente pelo passeio de Deus com o ser humano no jardim do Éden. Uma semelhante experiência permite-nos participar da incessante regeneração de nossa pessoa na gratuidade fecunda do Pai, do Filho e do Espírito Santo, para estar definitivamente, por meio da sua inefável e inesgotável contemplação, na Jerusalém celeste. É a fascinante visão que nos oferece João Paulo II em sua encíclica sobre a Eucaristia: "A tensão escatológica suscitada pela Eucaristia *exprime e consolida a comunhão com a Igreja celeste*. Não é por acaso que, nas anáforas orientais e nas orações eucarísticas latinas, se lembra com veneração Maria sempre Virgem, Mãe do nosso Deus e Senhor Jesus Cristo, os anjos, os santos apóstolos, os gloriosos mártires e todos os santos. Trata-se de um aspecto da Eucaristia que merece ser assinalado: ao celebrarmos o sacrifício do Cordeiro, unimo-nos à liturgia celeste, associando-nos àquela multidão imensa que proclama: '... A salvação é de nosso Deus, que está sentado no trono, e do Cordeiro!' (Ap 7, 10)" (n. 19).

Nossa identidade pascal é regenerada, a assunção dos dons eucarísticos no-la faz viver e, aqui, continuamente, celebramos nossa progressiva identificação obediencial nas mãos do Pai, à imitação do Mestre, enquanto pré-saboreamos a plenitude de nossa permanência na gloriosa vida trinitária.

A experiência de ter lavado as vestes no sangue do Cordeiro representa o ponto de partida para a exultante aventura de segui-lo aonde quer que ele vá. "Então um dos anciãos falou comigo, perguntando: 'Quem são estes que estão vestidos com vestes brancas? De onde vêm?' Respondi: 'Meu Senhor, tu o sabes!' E ele me disse: 'Esses são os que saíram da grande tribulação. Eles lavaram suas vestes e as alvejaram no sangue do Cordeiro. Por isso eles estão diante do trono de Deus e o servem em seu templo dia e noite. Por isso o que está sentado no trono estenderá sua tenda sobre eles...'" (Ap 7,13-15).

A inebriação de ser criatura nova nasce do fato de que a regeneração pela água e pelo Espírito nos tornou participantes da vida própria do Pai, do Filho e do Espírito Santo. As vestes brancas traduzem simbolicamente o evento sacramental que nos introduziu na imortalidade e na bem-aventurança divina. A luminosidade que vem do alto, com efeito, nos envolve, nos qualifica e nos insere naquela comunhão divina que será o entusiasmo exultante por toda a bem-aventurada eternidade.

A celebração eucarística, que sacramentalmente nos coloca diante do Pai, representa a constante celebração dessa espera, conforme nos lembra a terceira oração eucarística:

> "Celebrando agora, ó Pai,
> a memória do vosso Filho,
> da sua paixão que nos salva,
> da sua gloriosa ressurreição
> e da sua ascensão ao céu,
> e enquanto esperamos a sua nova vinda,
> nós vos oferecemos em ação de graças
> este sacrifício de vida e santidade".

A verdade da celebração eucarística faz-nos desejar, a cada dia, a visão do Mestre, em cumprimento ao desejo de comunhão com ele, que o Espírito Santo colocou em nosso coração.

O processo de atração pelo mistério pascal para alcançar a intimidade com o Pai qualifica a história de quem quer que tenha acolhido o convite do Mestre ao "Segue-me".

Somente quando nos juntarmos à adoração do Cordeiro, com os quatro animais e os vinte e quatro anciãos, poderemos celebrar eternamente as núpcias do Cordeiro e ser plenamente nós mesmos com todos os irmãos.

Na celebração sacramental sentimos um constante impulso para essa meta, memorial das palavras do Mestre: "… Quem come deste pão vive para sempre" (Jo 6,58). A visão, que se abre em nosso horizonte, convida a não nos afastarmos mais da relação crente e sacramental com Cristo.

Essa luz faz que em nossa história diária sempre possamos iniciar o caminho dos verdadeiros discípulos que seguem o Cordeiro, aonde quer que ele vá, cantando aquele cântico novo Àquele que nunca cessa de operar maravilhas na história da humanidade. O resultado desse itinerário nos deixa entrever como toda criatura humana pode proclamar, na inebriação do Espírito, o hino de louvor ao Pai e ao Cordeiro, que é a liturgia que não conhece ocaso, e que enche de alegria eterna cada ser humano.

Conclusão

O realismo evangélico anima e guia todo aquele que se compraz em deixar-se atrair pelo Crucificado glorioso, por meio do radical esquecimento de si, para reencontrar, na contemplação imitativa, a vocação para ser a identificação com aquele que trespassaram. A celebração eucarística, em sua experiência de participação ativa, representa a escola "diária" para viver as potencialidades de ser criatura nova, imagem luminosa e semelhante com Deus. Quem amadurece na coragem de abandonar a "sabedoria do contingente" e se coloca na "sabedoria que vem do Espírito" assume, na celebração eucarística, a hora do Pai, entra na sensibilidade do Cristo, vive de eternidade no tempo, é enriquecido com a chave de interpretação da história cotidiana, goza de uma esperança que o mundo não conhece, porque não conheceu o Pai do Senhor nosso Jesus Cristo.

A alegria do discípulo encontra sua fonte no nascer, a cada dia, do alto da cruz, onde Cristo reina, e no viver no Espírito, para ser a liberdade do Pai em cada hoje da história.

Ó Pai,
vós que nos inundais com o vosso Espírito,
para nos fazer escutar a voz do vosso Filho Jesus Cristo,
e nos convidais a levantar o olhar do coração
para o mistério de sua cruz,
que é a vossa Hora,
para nos deixar lavar e dessedentar
pelos vossos dons pascais,
guiai-nos nos caminhos do cotidiano,
para que saibamos acolher o Verbo da Vida,
conhecer a vossa face
e gozar, a cada instante de nossa história,
do dom da verdadeira sabedoria
que vem de vós.
Amém.

Eram teus e me quiseste dá-los

A missão de Jesus consistiu em dar a conhecer o Pai por meio de sua experiência pascal. A oração sacerdotal o evidencia bem: "Manifestei teu Nome aos homens, que tiraste do mundo para dá-los a mim. Eram teus e me quiseste dá-los, e eles têm obedecido à tua palavra" (Jo 17,6).

Cristo Jesus dá a conhecer o Pai aos discípulos, envolvendo-os em sua vida, em suas lutas históricas, em seu destino pascal. Somente entrando na história de Jesus podemos verdadeiramente alcançar tal riqueza. Aqui redescobrimos o sentido da vocação para o discipulado. Cristo nos atrai a si e nos envolve em seu processo rumo à glória do Calvário, para abrir-nos as portas à experiência da comunhão com o Pai. Na oração sacerdotal, ele sublinha o significado de sua presença na história, partindo da relação com o Pai: "A vida eterna consiste em que te conheçam a ti, verdadeiro e único Deus, e a Jesus Cristo, teu enviado" (Jo 17,3).

Focaliza a conclusão de sua história pascal, como o sentido no qual o ser humano é chamado a habitar permanentemente:

"Pai justo, o mundo não te conhece mas eu te conheço, e estes também sabem que tu me enviaste. Fiz que conhecessem teu Nome e os farei conhecê-lo ainda, para que o amor que tens por mim esteja neles e para que eu mesmo esteja com eles" (Jo 17,25-26).

Tudo isso mediante a consumação sacramental e eclesial de sua história pascal, lugar no qual os seres humanos aprendem na fé e no sacramento a conhecer o Pai e desejam o conhecimento transformante na glória: "Manifestei teu Nome aos homens, que tiraste do mundo para dá-los a mim. Eram teus e me quiseste dá-los, e eles têm obedecido à tua palavra" (Jo 17,6). Esse itinerário espiritual corresponde à estrutura da oração eucarística:

- da contemplação da vida trinitária no prefácio
- à glorificação das três Pessoas divinas na doxologia,
- mediante o inteiro percurso histórico-salvífico da oração eucarística.

De certo modo, teoricamente, podemos colocar entre o versículo 5 e o versículo 6 o canto do *Sanctus* e do *Benedictus* como expressão da passagem da contemplação da vida dentro da Santíssima Trindade à sua comunicação na história dos seres humanos. Com efeito, na estrutura atual da oração eucarística vemos:

- o canto do *Sanctus* como contemplação da vida dentro da Santíssima Trindade,
- o canto do *Benedictus* como o início da história da salvação.

Nessa estrutura, a oração sacerdotal se torna a narração de como o Pai, em Cristo e no Espírito, se comunica aos seres humanos. Somente quem se deixa atrair, na fé, pela história de Deus, pode acolhê-la de modo fecundo em sua atualização nas lutas da vida da Igreja.

Quem não goza o fascínio de Deus, como pode sentir sua presença transfigurante? É importante, então, que nos deixemos conduzir pelo plano trinitário que Jesus nos revela em sua oração dirigida ao Pai.

Cada discípulo é dom do Pai ao Filho

A existência humana se debate em múltiplas dificuldades históricas e postula uma luz que lhe revele seu sentido. Não podemos construir a história cotidiana permanecendo na obscuridade acerca de seu valor.

Por essa razão, cada ser humano sempre se coloca a interrogação sobre o significado a ser dado à própria existência, porque os fatos que a cercam e a determinam são muito inquietantes. A coragem de aproximar-nos do Cristo, na fé, nos ilumina e nos dá grande esperança: somos o dom do Pai ao Filho. Essa é a luminosa revelação que Jesus nos oferece, proporcionando-nos uma verdadeira e efetiva consolação. É bom partir do plano do Pai sobre o ser humano para dar esperança a cada pessoa. Eis, então, o grande plano do Pai que Jesus nos manifesta na oração sacerdotal.

Do mesmo modo que desde a eternidade o Pai gerou o Filho, assim também desde a eternidade o Pai nos pensou no Filho, para nos dar ao Filho e para introduzir-nos na definitiva comunhão consigo.

Essa consciência crente é continuamente repetida na oração de Jesus:

> "Rogo por eles; não rogo pelo mundo, mas pelos que me deste porque são teus" (Jo 17,9).
> "... Pai santo, guarda-os em teu Nome, o Nome que me deste..." (Jo 17,11).
> "... eu mesmo conservava no teu Nome os que me deste" (Jo 17,12).
> "Pai, aqueles que me deste, quero que eles estejam onde eu estiver" (Jo 7,24).

Nossa história humana, se for lida nessa relação entre o Pai e o Filho, torna-se um dom intratrinitário: o Pai nos dá ao Filho para que o Filho, depois de nos ter forjado à sua imagem, nos restitua ao Pai.

Se refletirmos seriamente nessa verdade, conseguiremos compreender que a vida é do Pai, antes de ser nossa, e chegaremos a entendê-la nessa condescendência de amor trinitário.

Esta luz se torna muito libertadora para o nosso espírito. A sabedoria evangélica nos lembra que o sentido da vida não está ligado ao que historicamente acontece, porque, nesse caso, seremos escravos das aparências e das contingências humanas, e que devemos abrir-nos para um horizonte muito mais vasto.

A beleza da vida se situa em nossa "eterna" geração que procede do Pai, para poder ser e tornar-se dom para o Filho. Essa abertura, que a fé nos oferece, faz-nos entender claramente que o ser humano, enquanto tal, é uma obra-prima da Santíssima Trindade, e, nessa raiz divina, caminha no tempo com a confiança criadora que vem do alto: nunca será desiludido. Essa verdade, com efeito, quando enraizada verdadeiramente em nosso coração, torna-se um efetivo princípio que anima cada decisão histórica nossa e nos enche de confiança divina. A vocação à santidade, que caracteriza todo itinerário verdadeiramente humano, está fundamentada na consciência de que somos do Pai. Ele quer nos fazer amadurecer nessa consciência dando-nos a cada instante ao Filho. A vida, então, se torna o sinal vivo e transparente do diálogo entre o Pai e o Filho em nosso breve segmento existencial, que é a nossa criaturalidade no tempo. Aqui se enraíza o otimismo cristão e torna-se fecunda a esperança que nos guia a cada momento da existência.

A consciência de ser de Deus se exprime no uso que Jesus faz do adjetivo possessivo "meu", no capítulo dez de João: "Eu sou o bom Pastor. Conheço minhas ovelhas, e minhas ovelhas me conhecem" (Jo 10,14).

Somente o Cristo pode dizer "minhas ovelhas", porque elas são um dom pessoal do Pai ao Filho, Verbo encarnado. Jesus tem a consciência desse dom, e cada discípulo seu, entrando em sua escola, sabe que nunca está sozinho. Percebemos, então, que a decisão de nos tornarmos discípulos representa o verdadeiro caminho para dar um significado construtivo à nossa existência.

Jesus afirma ainda: "Minhas ovelhas conhecem minha voz, eu também as conheço, e elas me seguem. Eu lhes dou a vida eterna: por isso nunca morrerão e ninguém as arrebatará de minha mão. O que o Pai me deu é maior do que tudo, e ninguém pode arrancá-lo da sua mão. Eu e o Pai somos um" (Jo 10,27-30).

Essa experiência anima sacramentalmente nossa vida toda vez que, no Espírito Santo, Cristo, Bom Pastor, nos reúne na assembleia eucarística e nos oferece a luz da Páscoa para ler com confiança nossa existência. Essa é a sede que nos anima quando escutamos a voz do Mestre que nos convida a estar com ele, celebrando seus divinos mistérios.

A Páscoa do Filho é a vida do discípulo

No mistério da encarnação, o Verbo acolhe do Pai o dom da humanidade inteira, para sintetizá-la em sua Páscoa de morte e ressurreição.

A beleza da vocação para o discipulado, que caracteriza as primeiras páginas das narrativas evangélicas, situa-se nesse admirável plano do Pai.

Jesus vive a consciência de que os discípulos lhe são oferecidos pelo Pai para que os introduza em sua intimidade, a fim de forjá-los para uma vida nova e, assim, restituí-los a ele plenamente renovados. Realiza-se, em nossa história, um processo circular: o Pai nos dá ao Filho chamando-nos para ser seus discípulos; Jesus nos comunica aquilo que o Pai lhe disse para que, entrando na escuta obediente do Filho, possamos alcançar a fecunda relação com o Pai. É aquilo que, de modo maravilhoso, sentimos na oração eucarística. Nela, o Filho nos acolhe como dom do Pai e nos transforma em sua Páscoa por obra do Espírito Santo, de forma que possa, na doxologia, apresentar-nos ao Pai como seu ícone vivente e luminoso.

De certa maneira, em cada Eucaristia, como nosso Mestre e Senhor "nos lava os pés", atrai-nos para o seu mistério de morte e de ressurreição, "consagra"-nos como seu corpo e seu sangue, para sermos apresentados ao Pai como seus verdadeiros discípulos no culto em espírito e verdade. Teoricamente, nossa participação ativa durante a oração eucarística traduz-se em um silêncio contemplativo no qual o Cristo "se faz pão" e "se faz vinho", para tornar-nos concorpóreos e consanguíneos com Ele. Percebemos na escuta orante e crente da oração eucarística como somos entregues pelo Pai a Cristo, que, enquanto sacramentalmente nos comunica sua existência pascal, nos atrai e nos transforma em si, para depois entregar-nos ao Pai na doxologia conclusiva. Naquele gesto do sacerdote, que ergue o pão e o cálice para o alto, podemos ver bem o gesto de Cristo que nos restitui ao Pai, depois de nos ter transformado em seu mistério de amor.

Assim, o cristão, como discípulo, não é menos que o Mestre. O drama, na vida dos batizados, é que não se deixam plasmar pelo seu Espírito, que não aceitam ser dom do Pai nas mãos do Filho, que se recusam a "tornar-se o corpo dado e o sangue derramado" de Cristo.

Com efeito, se desde a eternidade o Pai nos pensou na Páscoa do Filho, sempre atual na celebração eucarística, o Mestre, inebriando-se de vontade divina, introduz-nos sacramentalmente em sua hora para sermos transformados em sua gloriosa imagem. Na gestualidade do comer e do beber, no contexto da narração pascal da história da salvação, a comunidade dos batizados é transformada na identidade pascal do Filho para que este se torne progressivamente o Senhor do coração de cada discípulo. É o sentido da epiclese da comunhão:

"Olhai com bondade a oferenda da vossa igreja,
reconhecei o sacrifício
que nos reconcilia convosco
e concedei que, alimentando-nos
com o Corpo e o Sangue do vosso Filho,
sejamos repletos do Espírito Santo
e nos tornemos em Cristo
um só corpo e um só espírito.
Que ele faça de nós uma oferenda perfeita
para alcançarmos a vida eterna".

A regeneração na comunhão, operada pela assunção dos dons, deve transformar os celebrantes na identificação, na doação pascal e oblativa do Cristo, que seria a realização do sentido da vida de cada discípulo, conforme nos ensina o apóstolo Paulo: "Meus irmãos, eu vos peço pela misericórdia de Deus que ofereçais vossos corpos como uma oferta viva, santa e agradável a Deus. Que este seja o vosso culto espiritual" (Rm 12,1).

Nossa docilidade ao evento eucarístico faz que o Filho possa, na verdade, apresentar-nos ao Pai. A fé, com efeito, abre nosso coração orante à liberdade recriadora das três Pessoas divinas, que nos transformam em nossa verdadeira identidade. É a contemplação da ação trinitária na Igreja, assim como reza a assembleia eucarística no prefácio da oração eucarística para diversas circunstâncias — III:

"Pela vossa Palavra criastes o universo
e em vossa justiça tudo governais.
Tendo-se encarnado,
vós nos destes o vosso Filho como mediador.

Ele nos dirigiu a vossa Palavra,
convidando-nos a seguir seus passos.
Ele é o caminho que conduz para vós,
a verdade que nos liberta
e a vida que nos enche de alegria.
Por vosso Filho, reunis em uma só família
os homens e as mulheres,
criados para a glória de vosso nome,
redimidos pelo sangue de sua cruz
e marcados com o selo do vosso Espírito".

Nessa visão, a oração eucarística oferece-nos a luz para ler evangelicamente nossa existência.

Somos chamados a observar a Palavra

Ao colocar-se em relação com o Pai, Jesus exprime sua satisfação por ter falado e confirmado a missão que recebeu. "Manifestei teu Nome aos homens, que tiraste do mundo para dá-los a mim. Eram teus e me quiseste dá-los, e eles têm obedecido à tua palavra. Eles sabem agora que tudo quanto me deste vem de ti, porque a mensagem que mandaste dar eu dei a eles, e eles a receberam e reconheceram ser verdade que eu saí de ti; por isso creram que tu me enviaste" (Jo 17,6-8).

A vocação de cada mestre é falar, e a do discípulo, escutar. Na ordem evangélica, porém, o discurso é muito profundo, visto que a palavra comunicada é destinada a tornar-se a vida da vida do discípulo, a tornar-se carne da carne de quem deseje acolher o Cristo como única luz de sua existência. A escuta na ordem da fé não é um simples fenômeno auditivo, mas tem de tornar-se ação, qualificar e animar as decisões cotidianas da vida, inserir-se em uma experiência espiritual. A escuta traduz-se, necessariamente, na observância. Com efeito, a verdade de deixar espaço à invasão da palavra, que é Cristo, leva o discípulo não só a viver como o Mestre, mas sobretudo faz que ela opere de modo tão profundo nele que suas ações se tornem o "sacramento" do Cristo, que continua a operar na história da humanidade inteira. Jesus, apresentando ao Pai o resultado de sua missão, sublinha o êxito dessa meta: os discípulos são sua presença no mundo e, neles e com eles, continua a atrair cada ser humano na hora do Pai para reunir os filhos dispersos na unidade.

O "Amém" com o qual se conclui a oração eucarística traduz essa consciência: a comunidade celebrante tornou-se a história de Deus "narrada" na ação de graças-súplica-louvor.

Nessa ótica, é interessante entrar na súplica da primeira oração eucarística (Cânon Romano), na qual tem-se uma admirável fusão entre oração e gestualidade.

> Nós vos suplicamos,
> que ela seja levada à vossa presença,
> para que, ao participarmos deste altar,
> recebendo o Corpo e o Sangue de vosso Filho,
> sejamos repletos de todas as graças
> e bênçãos do céu.

Percebe-se como a súplica da comunidade nada mais é senão o Cristo, que, em sua total dedicação, sobe ao Pai para descer e renovar a humanidade por meio da comunidade, que acolhe no gesto da convivialidade seu corpo e sangue.

O gesto de inclinação do celebrante traduz, pois, a consciência da súplica própria da comunidade celebrante; a certeza do atendimento é dada pelo sinal-da-cruz que o sacerdote traça em si para exprimir que o evento da Páscoa, bênção que vem do alto, encheu e transformou de modo pascal toda a comunidade celebrante. Aqui, então, os fiéis percebem sensivelmente que o Senhor tornou-se o Senhor de sua história, e que a sua história é o sacramento da Páscoa do Mestre. Nesse estilo sacramental sublinha-se como verdadeiramente os discípulos observaram as palavras do Cristo, tornando-se a própria Palavra.

O discípulo, por sua natureza, é chamado a um processo de identificação "mística" com o Mestre, visto que de modo sacramental é continuamente assumido no Cristo para assumir os lineamentos messiânicos do Mestre e para revelar seu mistério pascal na cotidianidade da vida.

Observar a Palavra é a encarnação da resposta do discípulo à revelação do Pai no mistério pascal do Filho, é a proclamação da inebriação de ter sido regenerado nele, é mostrar, da parte dos celebrantes, que está sendo operada uma transformação nas pessoas, de modo que sejam como os ramos na videira. O drama presente dentro da pessoa humana é não acolher e observar a Palavra, afastando-se do mistério pascal de Cristo, no qual cada criatura humana é chamada a realizar-se para ser verdadeiramente ela mesma. É o passo perigoso dentro de nossa liberdade: não encarnar e não personalizar a pessoa do Verbo que nos fala por meio dos testemunhos.

Em cada momento de nossa existência, o Pai nos dá o Filho para que, mediante o exercício atento da escuta, possamos tornar-nos o reflexo ativo e testemunhal de sua pessoa.

Uma semelhante perspectiva não nos deve fazer temer os riscos aos quais a Palavra nos chama, porque o que realmente opera em nós é a aquisição do sentido da vida: ser o Cristo vivente na história de todos os dias.

Poderemos saborear profundamente e sentir essa verdade evangélica em nosso trabalho cotidiano, se soubermos assumir a expressão de Jesus: "Quem crê, já passou da morte para a vida" (cf. Jo 5,24). Poderíamos traduzir essa expressão de Jesus dizendo assim: "Quem deixa espaço ao anúncio da Palavra acolhe o Mestre que se coloca em relação com ele, e, por meio da celebração, se deixa transformar por ele, caminha no tempo como ser humano livre, que canta sua gratidão a Deus, amadurecendo maravilhosamente na eterna comunhão trinitária".

Então poderemos reencontrar a alegria da fé, a plenitude da vida, a comunhão das três Pessoas divinas, o pré-saborear da exultação eterna. O próprio Jesus nos disse isso ainda nos discursos da última ceia: "Se alguém me ama, guardará minha palavra, meu Pai o amará, nós viremos a ele e nele estabeleceremos nossa morada" (Jo 14,23).

Desse modo, a vontade de observar a Palavra constitui um ato de amor, rico de reconhecimento em relação ao Pai que nos deu o Filho. O ato de fé representa a vontade "espiritual" de nossa vocação para ser discípulos no deixar operar o Pai e o Filho livremente em nossa pessoa. É o gozo de permitir às três Pessoas da Santíssima Trindade "jogar" na assembléia eucarística com os celebrantes, para transformá-los em hino de louvor libertador e exultante ao Pai.

Conclusão

A missão de Jesus de acolher, plasmar e reconduzir ao Pai cada ser humano, mediante sua transformação na hora do mistério pascal, realiza-se toda vez que o discípulo, que quer elaborar as decisões cotidianas no estilo do Evangelho, se coloca em uma atitude de seguimento do Mestre, para celebrar seu mistério na experiência eucarística, à espera do retorno definitivo, com ele, na glória do Pai.

O cristão, por sua vez, percebe a riqueza dessa condescendência divina e reencontra sempre mais a esperança de dar luminosidade à finalidade de sua existência, sentindo-se objeto do amor intratrinitário.

A inebriação na construção da vida cotidiana será o efeito mais verdadeiro que diz ao mundo a beleza fecunda da vida para quem quer que tenha posto em Cristo a solidez de sua existência.

Ó Pai,
vosso plano sobre nós
é verdadeiramente inefável:
ser teu dom para o Filho
e cantar a alegria de ser o dom do Filho
ao vosso coração de Pai;
fazei que nos deixemos construir pelo Espírito
para cantar eternamente vosso amor,
em um crescendo inebriante,
que culminará na eterna visão de vossa face.
Amém.

Eu rogo por eles

O dom de viver da relação dentro da vida trinitária torna-se um compromisso para o batizado, que sente a urgência de aprofundar a identidade batismal e de focalizar, existencialmente, sempre melhor a fonte à qual se deve chegar para tornar evangélica toda escolha de vida.

A plenitude do Espírito, que nos é oferecida na experiência da Páscoa de Jesus, representa uma segurança, porque ele opera em nós e faz que nossa identidade amadureça cada vez mais em nossa pobreza dócil, aberta, atenta, e em nossa humildade rica de gratidão. Jesus nos introduz em sua oração eucarística para que, na criatividade do Espírito, nos deixemos forjar por sua presença, em um contínuo diálogo entre nossa pobreza, expressa na simplicidade dos sinais eucarísticos do pão e do vinho, e sua grandeza, que nada mais é senão o dom da história do amor trinitário-pascal.

É a admirável oração sobre as oferendas, que a Igreja nos oferece no tempo do Natal:

> "Nós vos apresentamos, ó Deus, nossas oferendas,
> trocando convosco nossos dons:
> oferecemos o que nos destes
> e esperamos receber-vos".

Certamente, o ideal do evangelista é sempre mais alto em relação às realizações históricas, mas a beleza de deixar-se fascinar pelo

Ressuscitado projeta-nos em um horizonte de vida que nos permite respirar a luminosidade da história, apesar de nossa pobreza existencial. Em Jesus, que roga ao Pai em nossa limitação de criaturas, nossa vocação para ser seus discípulos respira a plenos pulmões e nos faz captar as verdades da maravilhosa utopia do Evangelho. É a experiência que fazemos revivendo o mistério da última ceia.

Nosso aproximar-se da celebração eucarística nada mais é senão o convite que o Mestre nos oferece a fim de que o desejo de plenitude de vida, que o Espírito suscita em nós, possa de fato realizar-se, na perspectiva da Jerusalém celeste, assim como a Igreja reza na conclusão da primeira oração eucarística da reconciliação:

> "Quando fizermos parte da nova criação,
> enfim libertada
> de toda maldade e fraqueza,
> poderemos cantar a ação de graças
> do Cristo que vive para sempre".

Jesus reza em nós

A experiência eucarística é uma viva contemplação da ativa presença do Mestre, mas é sobretudo na oração eucarística que vivemos essa regeneradora vitalidade.

Eis por que Jesus assim se dirige ao Pai: "Rogo por eles... pelos que me deste, porque são teus" (Jo 17,9). É viva em toda a tradição neotestamentária a consciência de que o Cristo seja o orante nos discípulos, com os discípulos e pelos discípulos. João Paulo II reafirma essa firme convicção em sua encíclica: "O sacerdote pronuncia essas palavras ou, antes, *coloca sua boca e sua voz à disposição daquele que as pronunciou no Cenáculo* e quis que fossem repetidas de geração em geração por todos aqueles que, na Igreja, participam ministerialmente do seu sacerdócio" (n. 5). De modo mais amplo, todo aquele que está em Cristo sente o Cristo orante em sua vida, e ainda mais na ação litúrgica: segundo a bela visão agostiniana, Cristo roga por nós, roga em nós e é rogado por nós. Roga por nós como nosso sacerdote, roga em nós como nosso chefe, é rogado por nós como nosso Deus. Reconheçamos nele, pois, nossa voz, e sua voz em nós.

Quem segue o Mestre a cada dia não só acolhe a sua mensagem no coração crente, mas sente que ele próprio reza nele, porque o anúncio evangélico lhe permeia todas as fibras existenciais. O batizado, sentindo a presença criadora do Cristo orante, percebe que em sua identidade pessoal está se formando a personalidade divino-humana do Ressuscitado que traz os sinais da paixão. A coragem de saber sentir que o orante é sempre o Cristo, sobretudo na oração eucarística, estimula-nos a crescer na confiança que vem do alto.

Se nos deixarmos envolver por tal experiência, poderemos saborear a promessa de Jesus: "Assim também naquele dia não me perguntareis mais nada. Eu vos declaro: se pedirdes alguma coisa a meu Pai em meu nome, ele vos dará. Até agora não pedistes nada em meu nome. Pedi e recebereis, para que vossa alegria seja perfeita" (Jo 16,23-24). Jesus em nós nos coloca em relação com o Pai; habitando nele, em sua pessoa, em seus sentimentos e em seu idealismo, abre-se diante de nosso olhar interior a comunhão eterna com Aquele que não desilude.

Deixando o Cristo rezar em nós, o Pai nos escuta e nos torna participantes de seu mistério de unidade, porque pedimos não aquilo que instintivamente queremos ou desejamos, mas somente o que é agradável ao Pai, e que só o Verbo encarnado conhece. Se nos deixarmos envolver nessa assimilação orante de Jesus, viveremos a hora do Pai, entraremos na comunhão trinitária e saborearemos a plenitude de cada desejo humano. A verdadeira aspiração de todo desejo orante é que o Pai seja glorificado no Filho, e nós sejamos glorificados nele, revivendo a simplicidade vivificante de sua existência. A verdade do ser humano é habitar no Cristo que deseja somente a comunhão com o Pai. Nisso confirmaremos o sentido de nossa vocação para o discipulado: "Não fostes vós que me escolhestes, mas eu vos escolhi e vos mandei ir e produzir fruto, um fruto que dure. Então, meu Pai concederá tudo quanto pedirdes em meu nome" (Jo 15,16).

Essa admirável comunhão de intuitos entre o Cristo e nós, na viva consciência de que desde a eternidade fomos eleitos nele, faz-nos crescer na alegria de nos deixar envolver no percurso da oração eucarística, vista como canto do coração que escolhe a Ele, autor da vida, para habitar sempre nele na eterna contemplação do Pai. São os sentimentos que inserimos na oração eucarística para diversas circunstâncias I, II, III e IV:

> "Concedei-nos ainda,
> no fim da nossa peregrinação terrestre,
> chegarmos todos à morada eterna,
> onde viveremos para sempre convosco".

Revivemos, assim, a inebriação do Salmo 130: "Guardo em paz e silêncio a minha alma, que repousa em meu peito saciada, qual no colo da mãe a criancinha". Cresçamos na consciência de alcançar a plenitude da vida.

Somos guardados pelo Pai

A comunidade cristã vive na certeza da fé de que o Senhor está sempre presente em seu caminho no tempo, visto que deve amadurecer os discípulos em sua experiência pascal para restituí-los ao Pai, como o Pai os quer.

Na última ceia, Jesus vive o problema de sua iminente partida: seu retorno ao Pai poderia fazer os discípulos caírem na tentação de sentir-se abandonados pelo Mestre, de serem deixados sozinhos.

Então, Jesus roga ao Pai: "... Pai santo, guarda-os em teu Nome, o Nome que me deste, para que sejam um como nós" (Jo 17,11). Jesus roga ao Pai para que os discípulos sejam protegidos por ele. Se somos existencialmente um dom do Pai ao Filho a cada instante, Jesus traduz essa radical convicção, colocando-nos nas mãos daquele que jamais desilude.

Essa oração do Mestre nos oferece a certeza de que em toda realidade histórica, qualquer que seja, a proteção trinitária nos sustenta e nos renova na esperança. Se, em condições históricas concretas, a criatura é arrastada pela multiplicidade de seus estados de espírito, sobretudo se está sob o fascínio das realidades visíveis, os discípulos sabem que estão no Pai e que ele nunca os abandona. É no invisível divino que toma consistência aquilo que é concreto e historicamente perceptível. É preciso redescobrir, todavia, que o visível vive no invisível, que aquilo que é histórico se constrói sobre o eterno, que cada ser humano sente a própria consistência existencial colocando-se nas mãos do Pai. Desse modo, o ser humano pode ser ajudado a tomar consciência de que a oração de Jesus se torna verdadeiramente a alma de sua existência cotidiana. Esta leitura possui seu parâmetro fundamental em toda a evolução da história da salvação, que culmina na Páscoa de Jesus. Nessa luz a comunidade vive de modo sempre atual a experiência do êxodo bíblico, deixando-se envolver pela nuvem, enquanto está a caminho rumo à plenitude da glória, que é a terra prometida da comunhão definitiva com Deus.

Essa verdade é sempre atual em toda assembleia litúrgica na qual os celebrantes estão envolvidos na nuvem do Espírito Santo. Aqui existe a certeza da constante fidelidade do Pai, que guarda aqueles que são filhos no Filho. Jesus no-lo prometeu: "Quando ele, o Espírito da verdade, vier, vos conduzirá à verdade completa. Pois não há de falar por si mesmo, mas dirá tudo o que tiver ouvido e vos anunciará as coisas futuras. Ele me glorificará, porque receberá do que é meu para vos anunciar. Tudo o que o Pai tem é meu. Por isso eu vos disse que ele receberá do que é meu, para vos anunciar" (Jo 16,13-15).

O dom sempre atual do Espírito, que nos dá, na fé, a contemplação sacramental do Ressuscitado, é a garantia de que o Pai é verdadeiramente fiel.

Os discípulos nunca estão sozinhos; a celebração eucarística constitui o momento por excelência no qual percebem que estão na nuvem das três Pessoas divinas, que são conduzidos na história pela Providência divina, que são sempre atraídos para a plenitude da comunhão escatológica. A oração eucarística, no desenvolvimento da epiclese da comunhão, que é dada pela série de intercessões pela Igreja e pela humanidade inteira, dá-nos a garantia de que não estamos sós, porque o Espírito chama todos os seres humanos para que acolham o dom da convocação litúrgica, a fim de viver a comunhão eclesial, sacramento da comunhão trinitária. É interessante compreender a dinâmica das intercessões durante a oração eucarística. No Espírito Santo invocamos; o Filho apresenta ao Pai cada ser humano que se debate no tempo; e o Pai se torna fecundo semeando esperança na história cotidiana.

A sucessão das invocações presentes na segunda oração eucarística serve de exemplo:

> "E nós vos suplicamos
> que, participando do Corpo e Sangue de Cristo,
> sejamos reunidos pelo Espírito Santo
> num só corpo.
> Lembrai-vos, ó Pai,
> da vossa Igreja
> que se faz presente pelo mundo inteiro:
> que ela cresça na caridade,
> com o papa,
> com o nosso bispo
> e todos os ministros do vosso povo.
> Lembrai-vos do vosso filho (da vossa filha),
> que (hoje) chamastes deste mundo
> à vossa presença.
> Concedei-lhe
> que, tendo participado da morte de Cristo
> pelo batismo,
> participe igualmente da sua ressurreição".

Essa sucessão de intenções traduz a dimensão universal da consciência crente. O mistério pascal é para cada ser humano que, necessariamente, tem de viver na Santíssima Trindade para existir. A oração de Jesus ao Pai, de serem guardados em seu nome, celebrada e vivida na oração eucarística, verdadeiramente se realiza e "protege" cada criatura humana, em qualquer tempo e espaço.

Desse modo, a celebração eucarística indica-nos o lugar espiritual no qual cada discípulo habita: é nas três Pessoas divinas que cada batizado é ele mesmo e amadurece sua vocação cristã. Essa visão infunde coragem no itinerário histórico para chegar à plenitude da glória, segundo a conclusão das intercessões da segunda oração eucarística:

> "... a fim de vos louvarmos por Jesus Cristo vosso Filho".

O discípulo, portanto, jamais entra em crise de solidão, porque habita no Pai, no Filho e no Espírito Santo. Antes, vive aquela "solidão da comunhão" própria de Cristo, na qual, como o Mestre, abraça o mundo inteiro sob o olhar previdente do Pai. O batizado é guardado pelo Pai e amadurece nas aspirações do Pai, à imitação do Cristo, enquanto constrói a existência cotidiana na confiança e na esperança.

Vivemos a alegria trinitária

O cristão sabe que está nas mãos do Pai que o confia ao Filho, e essa comunhão é fonte de amplo reflexo em sua existência, especialmente quando percebe de modo trágico a solidão histórica em suas várias manifestações.

A segurança de reencontrar-se sob a ação do Pai, do Filho e do Espírito Santo traduz-se na atitude espiritual que determina a existência de quem quer que se coloque no seguimento do Mestre: a experiência da alegria de Jesus. Na última ceia, ele nos comunicou claramente esta verdade: "Agora, porém, volto a ti, e falo isto estando ainda no mundo, para que partilhem plenamente da minha alegria" (Jo 17,13). Não existe autêntico discípulo do Senhor que não esteja na alegria do Mestre, apesar de todas as obscuridades, as contradições, os tormentos e as dúvidas da vida cristã. No Ressuscitado, o ser humano é ele mesmo e vive aquela harmonia existencial que nenhum condicionamento histórico lhe pode tirar. Quem está no Ressuscitado vive a inebriação da vida.

O dom da alegria nasce do Cristo, vive em seu hoje e qualifica cada atitude do discípulo, que não tem outro desejo senão o de estar com o Mestre e comunicar a presença salvífica e reparadora à humanidade inteira.

Onde está Cristo, lá se cria comunhão, e na comunhão o ser humano é verdadeiramente ele mesmo, possui a alegria de ser criatura humana e de viver, canta a beleza fecunda da vida. Essa admirável experiência é fonte de exultação para todo aquele que escolheu a Cristo como fundamento da vida. A promessa feita por Jesus na última ceia encontra sua realização no grande evento da ressurreição, no qual os discípulos são envolvidos e que constitui o ponto fundamental de referência para todos.

Essa verdade é experimentada em cada celebração eucarística, na qual a comunidade cristã revive o evento da manhã de Páscoa, quando o Ressuscitado apareceu aos discípulos: "... Jesus entrou, ficou no meio deles e disse: 'A paz esteja convosco'. Dizendo isto, mostrou-lhes as mãos e o lado. Quando os discípulos viram o Senhor, ficaram cheios de alegria" (Jo 20,19-20). A alegria deles constitui a conclusão de um itinerário que, na linha da hora do Pai, vive da aparição do Ressuscitado, do reencontro dos discípulos em um contexto messiânico, de contemplar em Cristo os sinais da paixão, nos quais a fidelidade do Pai manifestou-se plenamente. Essa presença gloriosa, pois, tornou-se exultação messiânica na oração eucarística, que, em sua dinâmica contemplativa, enche de espanto os celebrantes, fá-los transbordantes da alegria do Ressuscitado, que celebra e reza, inebria-os com a criatividade do Espírito Santo, orienta-os para a grande exultação da liturgia do Apocalipse.

A alegria do cristão não está ligada nem aos fatos, nem às pessoas, nem às situações, todas realidades ligadas ao espaço e ao tempo, mas à liberdade do Pai, que ritualmente oferece à comunidade celebrante a pessoa de Cristo, como bem nos diz a oração eucarística para diversas circunstâncias I, II, III e IV:

"Olhai, com bondade
para a oferta da vossa Igreja.
Nela vos apresentamos
O sacrifício pascal de Cristo,
Que vos foi entregue".

O discípulo está na alegria que nunca lhe será tirada, porque a celebração eucarística é o lugar onde o Senhor está presente, e as decisões cotidianas representam o exercício vital da relação sacramental do Ressuscitado com seus discípulos.

Para superar a tentação de ligar a alegria às realidades passageiras, a atenção do coração é dirigida aos sinais da paixão que o Ressuscitado traz em sua pessoa gloriosa e que ajudam o caminho de fé do discípulo, que descobre na pessoa do Mestre a plenitude da inesgotável fidelidade do Pai.

A alegria cristã nasce da cruz e vive dela, da oblação das mãos do Pai, da sede de sua vontade, e amadurece na viva consciência de que quem morre em Cristo ressurge nele para uma nova vida.

Somente a comunhão com o Crucificado pode gerar o júbilo na fidelidade do Pai.

De certo modo, a alegria está toda encerrada no mistério do Pai, que quer operar maravilhas no discípulo, o qual, com o coração livre e aberto, confia-se aos planos divinos.

Tal verdade se alimenta entrando na ação de graças-súplica da oração eucarística.

A inebriação, que experimentamos no diálogo prefacial e no próprio prefácio, emana da contemplação do Pai que envolve a assembleia, tornando-a participante de sua fidelidade na história pascal de Jesus.

É o sentido do início e da conclusão do prefácio comum I:

> "Na verdade, é justo e necessário,
> é nosso dever e salvação
> dar-vos graças, sempre e em todo o lugar,
> Senhor, Pai santo,
> Deus eterno e todo-poderoso,
> por Cristo, Senhor nosso.
> (...)
> Por ele os anjos celebram vossa grandeza
> e os santos proclamam vossa glória.
> Concedei-nos também a nós
> associar-nos a seus louvores
> cantando a uma só voz".
> (Prefácio da segunda oração eucarística.)

Descobrimos, então, que a exultação do Ressuscitado nos faz compartilhar a inebriação jubilosa de toda a Jerusalém celeste, nossa “mãe”, e aqui posteriormente fundamentamos a certeza de que na vida de fé, celebrada na Eucaristia e traduzida nas decisões cotidianas, saboreamos nossa firmeza em Deus: aqui está a verdadeira alegria que ninguém poderá nos tirar.

Conclusão

A oração eucarística enraíza-se na personalidade do Cristo. Nele estamos sob a nuvem do Espírito e cantamos nossa verdadeira e autêntica redenção para o louvor do Pai. Quando nos descobrimos sós, sem a firmeza da fé em Cristo, ficamos em uma condição de incerteza, abalados pelas situações incertas e variáveis da vida. Nesse estado interior, jamais poderemos crescer no plano do Pai, vivido por Jesus em sua encarnação pascal e comunicada a nós pelo Espírito Santo. Na experiência da fé eucarística, porém, nos encontraremos em uma fecunda comunhão trinitária e eclesial e então não saberemos mais o que significa a solidão cotidiana. O Espírito Santo nos atrai e nos imerge na experiência orante e oblativa do Mestre, faz-nos penetrar e personalizar na fidelidade do Pai, imerge-nos e faz-nos saborear a beleza da comunhão trinitária na assembleia litúrgica, introduz-nos sacramentalmente no canto dos eleitos e oferece-nos a energia de cantar a gratidão ao Pai, que vai além do tempo e do espaço, para estar eternamente na alegria que jamais terá limites.

Ó Pai,
no caminho da vida
nos atraís em vosso Cristo,
a fim de que possamos crescer
na comunhão convosco.
Acompanhai a vossa Igreja
na nuvem do Espírito
para que possa cantar vossa alegria
na assembleia dos santos.
Amém.

Consagra-os na Verdade

O centro de todas as orações de Cristo está compreendido no desejo de consagração na Verdade, que constitui o núcleo de toda a existência de Jesus. Na última ceia, ele solenemente rezou ao Pai: "Consagra-os na verdade: Tua palavra é verdade. Como me enviaste ao mundo, assim eu os envio ao mundo. E por eles me consagro a mim mesmo, para que eles também sejam consagrados pela verdade" (Jo 17,17-19). É na dinâmica da consagração na Verdade (vv. 17.19) que podemos compreender a missão de Jesus de reunir todos os filhos dispersos na unidade. O elemento fundamental de toda a oração do Mestre é constituído pelo mistério pascal, no qual o Senhor cumpre sua vida. Essa experiência é compreendida na história de Deus que se manifesta em plenitude no evento Cristo e continua na vida da Igreja. Esse plano divino, expresso na oração sacerdotal de Jesus, insere-se na estrutura da oração eucarística: da história trinitária à história da Igreja, mediante a celebração do mistério pascal, para que a assembleia litúrgica inteira se oriente para o louvor das três Pessoas divinas. Assim, nesses versículos centrais de João 17 parece clara a referência às palavras de Jesus na narração da instituição da Eucaristia na última ceia. O mistério, que a qualifica, é todo um evento consagratório, para que os discípulos participem realmente da novidade pascal que Jesus ofereceu à humanidade inteira. As atuais orações eucarísticas nos imergem na partilha sacramental da intimidade de Cristo:

"Tomai, todos, e comei:
isto é o meu Corpo,
que será entregue por vós. (...)
Tomai, todos, e bebei:
este é o cálice do meu Sangue,
o sangue da nova e eterna aliança,
que será derramado por vós e por todos
para remissão dos pecados.
Fazei isto em memória de mim".

O fato de que em João 17 a oração é dirigida ao Pai, enquanto a narração da instituição é dirigida aos discípulos, não cria dificuldade, visto que o verdadeiro contexto da narração sinótica se situa na grande oração de Jesus, que, em sua gestualidade e nas palavras da consagração, diz aos discípulos como devem entrar em sua oblação pascal.

Antes, Jesus diz a eles o que ocorre na ação de graças: um processo de consagração na Verdade, que é "o corpo dado e o sangue derramado" para que os discípulos estejam na Verdade para a regeneração da humanidade inteira.

Somos convocados pela Verdade

O ponto de partida para chegar à celebração eucarística é dado pelo fato de que somos chamados a entrar na relação de comunhão que existe entre o Pai e o Filho, e que o Verbo, por meio da encarnação, nos comunica para compartilhá-la conosco. É o significado que deu qualidade à vocação dos discípulos que seguiram Jesus da Galileia à Judeia. Eles se deixaram conduzir pelo Mestre para compartilhar com ele o seu testamento orante e sacramental.

A compreensão da última ceia só cabe aos que construíram e constroem sua existência como um seguir a Jesus, para contemplar "coisas maiores": reunir-se no banquete da comunhão trinitária por meio do sinal da celebração eucarística.

Todo o regime sacramental da Igreja está relacionado ao chamado para estar com o Cristo, para segui-lo, para compartilhar o evento pascal, para aprofundar o verdadeiro significado da existência humana, para subir com ele junto ao Pai, para desejar o processo de transformação da Jerusalém celeste.

A relação, pois, entre Palavra e Verdade conduz-nos ao início do prólogo do Evangelho de João, no qual somos transportados para o mundo próprio de Deus.A convocação sacramental na Verdade nos leva à experiência da Palavra, que representa a fonte da existência de cada criatura:

> "No princípio existia o Verbo,
> o Verbo estava voltado para Deus,
> e o Verbo era Deus.
> O Verbo estava, pois, voltado para Deus no começo.
> Tudo foi feito por ele,
> e sem ele nada se fez de tudo o que foi criado.
> Nele estava a vida,
> e a vida era a luz dos homens"
> (Jo 1,1-4).

Naquela Palavra feita carne manifestou-se a Verdade, e nela está a revelação da plenitude do sentido da vida e de sua efetiva conclusão.

Jesus é tudo no Pai, vive em sua comunhão, e nessa comunhão constrói sua luta histórica. Ele quer que todos os seres humanos se deixem atrair por ele, a fim de que reencontrem o significado do evento da encarnação pascal: reunir os filhos dispersos na unidade. É a contemplação histórico-salvífica do prefácio.

Jesus revelou-nos que sua existência foi toda um mistério de obediência na comunhão, e chama continuamente os discípulos para que, por meio dos sacramentos, habitem em sua comunhão com o Pai e revivam seu mistério pascal.

No seguimento diário do Mestre, eles crescem na consciência de serem dele, de pertencer-lhe, e Jesus quer que os seus estejam sempre onde ele está: na união com o Pai (cf. Jo 12,26; 14,2-3). É este o espírito que estimula os discípulos a viver com serena coragem na história, para multiplicar a semente de eterna comunhão com o Pai semeada em seu coração: é este o sentido de cada celebração litúrgica.

A convocação eucarística vive da fecunda e progressiva tomada de consciência dos discípulos de que o sentido de suas vidas está todo encerrado na luz que é o Cristo morto e ressuscitado, e que seguindo essa luz não conhecerão as trevas, mas estarão sempre na luz, porque amadurecerão na comunhão intratrinitária.

Seu estar juntos na Verdade, por meio da fé, do sacramento e da vivência, é a fonte da contemplação do Ressuscitado e da vitalidade de seu constante seguimento do Mestre. A raiz dessa admirável experiência é o fato de que os discípulos são continuamente "consagrados na Verdade", porque o caminho sacramental os regenerou e regenera de modo inesgotável. Têm a consciência de pertencer ao Cristo, no qual são lentamente iluminados pelo Pai, por causa de todo o processo de iniciação sacramental à sua pessoa. Nesta súplica, "consagra-os na Verdade", traduz-se a convicção messiânica de Jesus: o evento da Páscoa deve ajudar os seres humanos a entender que são propriedade divina, e que somente são verdadeiros e autênticos quando têm em mira o único escopo da missão de Jesus: a unidade.

Jesus sente tão profundamente que os discípulos são "seus" que se torna súplica por eles junto ao Pai. Sabe que não será desiludido, porque sabe que sua oração é escutada pelo Pai.

A abertura constante dos discípulos à comunicação que o Pai faz de si aos seres humanos em Cristo torna-os vivos e estimula-os a crescer nessa relação com o Mestre. Os discípulos são convocados à celebração eucarística para que se deixem inundar pela Palavra que lhes abre as portas para entrarem no jardim sacramental do Éden e para saborear os frutos da árvore da vida (cf. Ap 22,14). Como poderiam chegar à comunhão divina, se Deus, como Palavra, não entrasse em contato com eles? A comunhão vive da Palavra, nasce da Palavra e se dilata mediante a Palavra, de modo que cada criatura tenha acesso à Verdade. Essa situação espiritual estimula-os, então, a entrar no evento pascal de Cristo. O anúncio acreditado e amado torna-se ação de graças, convívio sacramental, desenvolvimento de pertença trinitária.

A missão de Cristo

A alegria de servir a Jesus se traduz no compartilhamento de sua missão.

Em sua oração sacerdotal, Jesus disse: "Como me enviaste ao mundo, assim eu os envio ao mundo" (Jo 17,18), e, no encontro na manhã da Páscoa, reafirmou esta sua vontade: "A paz esteja convosco. Como o Pai me enviou, assim também eu vos envio" (Jo 20,21).

Aqui redescobrimos como a experiência pascal tem como critério determinante viver na Verdade, a grande utopia evangélica, reflexo da vida trinitária e princípio importante de toda a história e missão de Jesus.

A presença dos discípulos na história é unicamente a de viver e comunicar o dom da Verdade: é esta sua missão determinante e privilegiada. Se entrarmos na interioridade de Jesus, isso resultará extremamente verdadeiro, porque foi essa a verdadeira paixão de Jesus em toda a história de sua encarnação pascal.

O testamento de Jesus está intimamente ligado ao tema da glória e vive do mistério da hora, que traduzem um fundo que anima essas duas determinações histórico-salvíficas: a união intratrinitária. Essa síntese vital de glória e de hora na fecundidade da experiência de comunhão é a missão de Jesus, aquela na qual ele quer que os seus entrem com toda a vitalidade de sua fé.

Os discípulos são aqueles que participaram daquele evento da última ceia. Naquele "corpo dado" e no "sangue derramado" intuíram o que significava para o Mestre cumprir sua missão; naquela ritualidade orante, descobriram que a alma da missão é construir a comunhão na oblação, na consciência de que se é dom que deve ser doado, na percepção de que a verdade de estar na Santíssima Trindade é a verdade de estar com cada ser humano que surge sobre a terra. No "corpo dado" e no "sangue derramado" vive o mistério da comunhão trinitária, na qual os discípulos são chamados a entrar por meio do sinal do comer e do beber, no amplo contexto da ação de graças histórico-salvífica.

A narrativa ritual da última ceia insere essa intenção oblativo-sacrifical, que anima a missão de Jesus.

Os discípulos são enviados por Jesus ao mundo para que encarnem, em todo tempo e espaço, essa sua experiência, revivendo-a até o fundo.

Apenas quem entra sacramentalmente no mistério de Jesus pode encarnar sua missão. Na escola da oração sacerdotal, descobrimos que a unidade não deve ser buscada no aspecto mais externo e institucional, mas profundamente, na fé comum em Cristo e na comunhão com o Pai, e para ela se deve tender como para um dom gratuito na oração e no amor.

O modelo e a fonte da unidade dos crentes são reencontrados na imanência recíproca entre o Pai e o Filho, no sinal sacramental do "corpo dado" e do "sangue derramado", no amplo contexto da ação de graças-súplica-doxologia. A unidade se realiza mediante a participação de todos à comunhão pascal do Pai e do Filho no Espírito Santo, e essa participação se realiza graças à fecunda união entre Jesus e os discípulos.

A ação de graças sobre o pão e vinho, e, consequentemente, sobre toda a comunidade cristã, introduz-nos nessa real participação da missão de Jesus e faz-nos entrar em sua liberdade espiritual, que se insere no "corpo dado" e no "sangue derramado" para unir os filhos dispersos na unidade. Aqui está o ponto de referência de cada missão apostólica. Para tal escopo os discípulos são, também eles, participantes da glorificação de Jesus, deixando-se atrair pela hora do Pai.

Por meio da experiência sacramental, também os discípulos são envolvidos na hora da glorificação de Jesus, que é o sentido e o fim último de sua vida.

Pelo cumprimento da hora, eles serão capazes de ser e de fazer aquilo para o que o Senhor os escolheu.

A hora do Pai é determinante, seja para a vida de Jesus, seja para a vida dos discípulos, visto que torna fecunda a vocação-missão de comunicar aos seres humanos a plenitude do sentido da vida: ser introduzido na comunhão que existe entre o Pai, o Filho e o Espírito.

Caminhemos na Verdade

A experiência eucarística insere os batizados no evento da morte-ressurreição de Jesus, do qual emana a vitalidade apostólica da comunidade dos discípulos, como Jesus afirma: "E por eles me consagro a mim mesmo, para que eles também sejam consagrados na verdade" (Jo 17,19).

Da celebração do mistério pascal, sacramento de unidade, emana a missão de dilatar essa experiência. É a estrutura da oração eucarística, que, após ter visualizado a história pascal de Jesus, insere a oração sob o domínio do Espírito, para que haja na vida eclesial uma autêntica experência de comunhão.

Essa verdade ressoa continuamente nos últimos versículos da oração sacerdotal:

> "... que todos sejam um..." (17,21)
> "... que eles estejam em nós, assim como tu estás em mim e eu em ti..." (17,21)
> "... para que sejam um, como nós somos um" (17,22)
> "... para que sejam perfeitamente unidos..." (17,23)

aos quais faz eco a epiclese de comunhão na terceira oração eucarística:

> "(...) e concedei que, alimentando-nos com o Corpo e o Sangue do vosso Filho, sejamos repletos do Espírito Santo e nos tornemos em Cristo um só corpo e um só espírito".

Aquilo que o Cristo viveu e ofereceu na última ceia, profecia sacramental do Calvário, deve expandir-se ao mundo inteiro, de modo que todos os seres humanos alcancem a fonte da salvação e saboreiem a comunhão relacional própria das três Pessoas divinas.

O mundo messiânico, sonhado pelos profetas e realizado em Cristo, vê o evento da salvação como uma constante Pentecostes, contínua reunificação das diferenças, convocação de todas as nações, graças à ação gratuita de Deus, de modo que de cada ponto da terra suba o hino de louvor ao Pai.

Tudo isso se traduz em caminhar na Verdade, que nada mais é senão o proceder na unidade do amor. A oração, na qual o discípulo é chamado a entrar, vive uma ligação inseparável com o amor eterno da

Santíssima Trindade. Nesse caminho, sempre projetado para a frente, onde a comunidade eucarística, convocada à comunhão pascal, deve tornar-se progressivamente uma concreta comunhão intratrinitária, o Pai ama continuamente os discípulos, como ama Jesus.

Eles contemplam o amor glorioso do Pai, para que possam tornar-se testemunhas dessa experiência de comunhão. Nesse fundo teologal e sacramental, as obras dos discípulos devem ser lidas na mesma ótica daquelas realizadas por Jesus na terra, como sinais cujo significado é revelar o Cristo como aquele que dá a vida, atraindo os seres humanos em sua relação de amor com o Pai. Aqueles que, na fé, seguirem a Jesus viverão da verdadeira liberdade pascal, proclamarão a soberania de Cristo sobre o mundo, fazendo que as pessoas gozem o verdadeiro sentido da vida. Desse modo, realiza-se o princípio de que os discípulos glorificarão o Pai no estilo do Filho, introduzindo todos os seres humanos na comunhão intratrinitária.

Com a assistência do Espírito Santo, os crentes de todos os tempos, pela fé e pelas obras, ainda serão capazes de glorificar a Jesus em qualquer ambiente vital.

O Pai e o Filho sempre serão glorificados, se a palavra de Jesus for anunciada e observada, e suas obras realizadas.

A existência inteira do cristão será progressivamente conformada com a do Senhor, e isso nada mais é senão o desenvolvimento sacramental da vocação para a comunhão operada dentro da glorificação do Pai. É o grande desejo de Jesus na última ceia: "Pai, aqueles que me deste, quero que eles também estejam onde eu estiver, para que contemplem minha glória, aquela glória que me deste por me teres amado antes da criação do mundo" (Jo 17,24).

Conclusão

Os últimos versículos da oração sacerdotal são um hino à comunhão e traduzem o sentido final da experiência eucarística inteira:

"Pai justo, o mundo não te conhece, mas eu te conheço, e estes também sabem que tu me enviaste. Fiz que conhecessem teu Nome e os farei conhecê-lo ainda, para que o amor que tens por mim esteja neles e para que eu mesmo esteja também neles" (Jo 17,25-26).

Aqui se observa a orientação escatológica da oração eucarística, que é sentido operativo dentro da doxologia, celebração do pleno retorno da humanidade inteira ao Pai, à semelhança do que aconteceu com Jesus.

A doxologia introduz na verdade do amor, é experiência de comunhão por excelência, visto que é a participação na glória que o Pai dá ao Filho, isto é, a participação na unidade que existe entre os dois, na comunhão criadora do Espírito Santo.

Pai Santo,
desde a eternidade nos gerastes,
e em Cristo Jesus nos consagrastes na Verdade,
para que vivêssemos sua relação filial convosco,
e entrássemos cada vez mais em vossa vida.
Fazei que em cada gesto nosso
se realize a missão do Senhor,
de modo que, vivendo com ele a vossa hora,
possamos comunicar o Espírito
e cantar com os irmãos
vosso inefável mistério de comunhão gloriosa.
Amém.

Conclusão

A Igreja nasce da Eucaristia e vive da Eucaristia, que é o mistério da fé, como João Paulo II reafirma na encíclica *Ecclesia de Eucharistia* (cap. I, n. 11). A tradição litúrgica viu na celebração eucarística o hoje do mistério escondido há séculos em Deus e o lugar do dar-se da fecundidade da fé.

Na Eucaristia, o mistério e a fé se fundem de modo maravilhoso na experiência própria da celebração sacramental.

Aqui a comunidade é assumida na vida sacerdotal do Cristo, que na comunidade dos discípulos continua a rezar no estilo eucarístico, como na última ceia joanina.

Nesse contexto, o Mestre se coloca em estado oblativo, é o perfeito oferecedor, entrega-se ao Pai, vivendo sua hora para reunir os filhos dispersos na unidade, consagra-se plenamente ao Pai em vista do sacrifício da cruz, para que também os discípulos sejam consagrados, a fim de atualizar e reviver a memória do Mestre.

Na oração joanina contemplamos essa sacerdotalidade de Jesus, sua vocação para a intercessão, para ser o servo que traz sobre si o pecado do mundo, para ser o Vivente que entra no santuário do céu, a fim de que o novo povo de Deus seja preservado do pecado, guardado dos ataques do Maligno, santificado e conservado na unidade, como aquela que existe entre o Pai e o Filho.

A assembleia eucarística, convocada pelo Espírito Santo, encontra-se sacramentalmente na constante situação de oblação que o Cristo faz de si mesmo ao Pai, durante sua vida até a hora da cruz.

Ela revive toda a história de Jesus. Do mesmo modo que João sintetizou no estilo da oração as temáticas fundamentais de seu Evangelho para comunicá-las aos leitores convocados na assembleia litúrgica, assim os discípulos, na oração eucarística, são assumidos na pessoa do Mestre e revivem por graça toda a sua história, pré-saboreando a comunhão gloriosa com ele e o Pai.

O batismo tornou-os, em Cristo, sacerdotes, reis e profetas. A Eucaristia põe em prática tal riqueza, transformando-os progressivamente no Cristo, caminho, verdade e vida, para sua realização e para a salvação da humanidade inteira. Essa experiência sacramental permite-lhes, sucessivamente, construir sua identidade e os faz amadurecer, a fim de que Cristo seja tudo em todos. Foram inseridos na relação intratrinitária, por meio da fé testemunhal, e essa experiência os conduz a realizar na história a missão de Cristo.

O que é do Filho é também dos discípulos, chamados a viver, mediante a atração teologal, a comunhão recíproca entre o Pai e o Filho.

Desse modo, os discípulos, na celebração eucarística, são o lugar onde o Cristo é glorificado, representam a criatividade do Espírito, glorificam o Pai como sinal vivo de pertença ao Cristo, que tende a dilatar-se de modo inesgotável em sua história, operam plenamente dedicados à vida de comunhão, à imitação da relação intratrinitária, à espera da plenitude da glorificação plena na Jerusalém celeste.

A oração eucarística, em sua beleza, traduz essa admirável verdade, e os discípulos aí recebem do Pai a força do Espírito Santo para habitar em Jesus, para chegar continuamente à comunhão trinitária, para viver a filiação divina, para tornar a história inteira um hino de louvor ao Pai, por meio do dilatar-se da vida de comunhão.

É aquilo que João Paulo II nos comunica na encíclica: "Enquanto durar sua peregrinação aqui na terra, a Igreja será chamada a conservar e promover tanto a comunhão com a Trindade divina como a comunhão entre os fiéis. Para isso, possui a Palavra e os sacramentos, sobretudo a Eucaristia; desta 'vive e cresce', e ao mesmo tempo exprime-se nela. Não foi sem razão que o termo *comunhão* se tornou um dos nomes específicos desse excelso sacramento. Daí que a Eucaristia se apresente como o sacramento culminante para levar à perfeição a comunhão com Deus Pai mediante a identificação com seu Filho Unigênito por obra do Espírito Santo" (n. 34).

Oremos

Pai, bondoso e inefável,
amastes tanto o mundo
que nos destes vosso Unigênito,
para que nele tivéssemos a vida,
e a tivéssemos em abundância.
Vosso Filho, que é um convosco,
é a luz que ilumina cada ser humano,
para que a criatura humana caminhe em vossa vontade
e a cumpra em amorosa obediência.
Ele é a semente que, caída na terra,
para cantar vossa hora,
morre, mas dá fruto,
fazendo jorrar aquela água
que mata a sede de quem, na fé,
busca, dia e noite, vossa face.

Pai, sumamente fiel,
vós nos dais o Cristo,
nosso Senhor e nosso Mestre,
porque nos revelais vosso mistério
no qual nossa alma,
apesar das lutas da vida,
está na alegria e na paz
que o mundo não nos pode tirar.

Derramai sobre nós o Espírito
para que nos introduza na Verdade,
e nos torne plenamente acolhedores
do Verbo da vida para acolher vossa missão:
reunir os filhos dispersos na unidade.

O Espírito que de vós procede,
ó Pai três vezes Santo,
seja nossa consolação no caminho do tempo,
enquanto nos dá vosso Unigênito
e nos faz participantes de sua sede por vós,
de modo que possamos exclamar
em cada fragmento da vida,
especialmente em seu final:
"tudo está consumado",
como seus verdadeiros discípulos.

Fazei que vossa Igreja
templo de vossa glória,
seja o lugar do culto em espírito e verdade,
para que todos os seres humanos possam
rejubilar-se por ter nascido de vós
e não se deixem vencer
pelas tribulações do mundo.

Possa a humanidade inteira,
com Maria, sinal vivo de vosso Cristo,
com todos os santos que o seguiram,
que viram coisas sempre maiores e creram na glória,
glorificar eternamente vosso nome,
visto que a vós pertencem
a glória, o louvor, a sabedoria, a ação de graças,
a honra, o poder e a força
pelos séculos dos séculos.
Amém.

LEITURAS RECOMENDADAS POR EDIÇÕES LOYOLA

A espiritualidade do ministro da Eucaristia

MITCH FINLEY

Cód. 4335 • 72pp

Todo ministro de Eucaristia e os que desejam sê-lo terão grande proveito com este livro, pequeno de tamanho, mas imenso de conteúdo. O texto é informativo e formativo, além de espiritual, quando encoraja os ministros da Eucaristia a desenvolver uma intimidade mais profunda com o Cristo ressuscitado presente no pão e no vinho cotidianamente consagrados; e quando estimula católicos a assumir o ministério da Eucaristia em suas comunidades. O propósito deste livro é oferecer uma espiritualidade para os ministros da Eucaristia, no núcleo da qual se veem, ao mesmo tempo, Deus e o próximo.

Cura pela Eucaristia

PE. ALFREDO VEIGA

Cód. 11323 • 136pp

A cura pela Eucaristia é a mais rica experiência de libertação que a Igreja tem para oferecer. Ninguém que se aproximar com fé e devoção desse sacramento deixará de ser tocado e curado de suas mais densas trevas interiores. Tocar, pois, o Corpo de Cristo, é permitir que também ele nos toque, nos cure, nos restitua a vida e a liberdade. É ele que continua a dizer em cada missa de que participamos: "Vinde, todos vós que estais sedentos, vinde comer... Uma suculenta comida fará vossas delícias" (Is 55).

DISTRIBUIDORES

• **BAHIA**

Livraria e distribuidora MULTICAMPi Ltda.
Rua Direita da Piedade, 20 – Piedade
Tel 71 2101-8000 | **Telefax** 71 2101-8009
40070-190 – Salvador, BA
ldm@livrariamulticampi.com.br

• **MINAS GERAIS**

Asteca distribuidora de livros Ltda.
Distribuição
Rua Costa Monteiro, 50 e 54 – Sagrada Família
Tel 31 3423-7979 | **Fax** 31 3424-7667
31030-480 – Belo Horizonte, MG
distribuidora@astecabooks.com.br
Livraria
Av. Dr. Cristiano Guimarães, 2127
loja 2129 – Planalto
Tel 31 3443-3990 | **Fax** 31 3443-3990
31720-300 – Belo Horizonte, MG
livraria@astecabooks.com.br

Mãe da igreja Ltda.
Rua São Paulo, 1207 – Centro
Tel 31 3213-4740 / 3213-0031
30170-131 – Belo Horizonte, MG
maedaigreja@globo.com

Sem fronteiras livraria e distribuidora Ltda me
Av. General Carlos Guedes, 180 – Planalto
Tel 31 3494-2823
31720-500 – Belo Horizonte, MG
semfronteiras-livraria@hotmail.com

• **PARANÁ**

CATM Comércio de livros Ltda.
Vendas no Atacado e no Varejo
Rua Santo Antônio, 590 – Térreo – Rebouças
Tel 41 3306-1000
80230-120 – Curitiba, PR
catm@catm.com.br

• **PIAUÍ**

Livraria Nova Aliança
Rua Olavo Bilac, 1259 – Centro
Telefax 86 3221-6793
64001-280 – Teresina, PI
livrarianovaalianca@hotmail.com

• **RIO DE JANEIRO**

Zélio Bicalho Portugal Cia. Ltda.
Vendas no Atacado e no Varejo
Av. Presidente Vargas, 502 – sala 1701
Telefax 21 2233-4295 / 2263-4280
20071-000 – Rio de Janeiro, RJ
zeliobicalho@globo.com

• **RIO GRANDE DO SUL**

Livraria e Editora Padre Reus
Rua Duque de Caxias, 805
Tel 51 3224-0250 | **Fax** 51 3228-1880
90010-282 – Porto Alegre, RS
livrariareus@livrariareus.com.br
loja@livrariareus.com.br

• **SÃO PAULO**

Distribuidora Loyola de Livros ltda.
Vendas no Atacado
Rua São Caetano, 959 – Luz
Tel 11 3322-0100 | **Fax** 11 3322-0101
01104-001 – São Paulo, SP
vendasatacado@livrarialoyola.com.br

Livrarias Paulinas
Via Raposo Tavares, km 19,145
Tel 11 3789-1425 / 3789-1423 | **Fax** 11 3789-3401
05577-300 – São Paulo, SP
expedicao@paulinas.com.br

REVENDEDORES

• **AMAZONAS**

Editora Vozes Ltda.
Rua Costa Azevedo, 105 – Centro
Tel 92 3232-5777 | **Fax** 92 3233-0154
69010-230 – Manaus, AM
vozes61@uol.com.br

Livrarias Paulinas
Av. 7 de Setembro, 665
Tel 92 3633-4251 / 3233-5130
Fax 92 3633-4017
69005-141 – Manaus, AM
livmanaus@paulinas.com.br

• **BAHIA**

Editora Vozes Ltda.
Rua Carlos Gomes, 698A
Conjunto Bela Center – loja 2
Tel 71 3329-5466 | **Fax** 71 3329-4749
40060-410 – Salvador, BA
vozes20@uol.com.br

Livrarias Paulinas
Av. 7 de Setembro, 680 – São Pedro
Tel 71 3329-2477 / 3329-3668
Fax 71 3329-2546
40060-001 – Salvador, BA
livsalvador@paulinas.com.br

- **BRASÍLIA**

Editora Vozes Ltda.
SCLR/Norte – Q. 704 – Bloco A n. 15
Tel 61 3326-2436 | **Fax** 61 3326-2282
70730-516 – Brasília, DF
vozes09@uol.com.br

Livrarias Paulinas
SCS – Q. 05 / Bl. C / Lojas 19/22 – Centro
Tel 61 3225-9595 | **Fax** 61 3225-9219
70300-500 – Brasília, DF
livbrasilia@paulinas.com.br

- **CEARÁ**

Editora Vozes Ltda.
Rua Major Facundo, 730
Tel 85 3231-9321 | **Fax** 85 3231-4238
60025-100 Fortaleza, CE
vozes23@uol.com.br

Livrarias Paulinas
Rua Major Facundo, 332
Tel 85 3226-7544 / 3226-7398
Fax 85 3226-9930
60025-100 – Fortaleza, CE
livfortaleza@paulinas.com.br

- **ESPÍRITO SANTO**

Livrarias Paulinas
Rua Barão de Itapemirim, 216 – Centro
Tel 27 3223-1318 / 0800-15-712
Fax 27 3222-3532
29010-060 – Vitória, ES
livvitoria@paulinas.com.br

- **GOIÁS**

Editora Vozes Ltda.
Rua 3, n. 291
Tel 62 3225-3077 | **Fax** 62 3225-3994
74023-010 – Goiânia, GO
vozes27@uol.com.br

Livraria Alternativa
Rua 70, n. 124 – Setor Central
Tel 62 3945-0260 / 3945-0261
62 3945-0262 / 3945-0265
Fax 62 3212-1035
74055-120 – Goiânia, GO
distribuidora@livrariaalternativa.com.br

Livrarias Paulinas
Av. Goiás, 636
Tel 62 3224-2585 / 3224-2329
Fax 62 3224-2247
74010-010 – Goiânia, GO
livgoiania@paulinas.com.br

- **MARANHÃO**

Editora Vozes Ltda.
Rua da Palma, 502 – Centro
Tel 98 3221-0715 | **Fax** 98 3222-9013
65010-440 – São Luís, MA
livrariavozes@terra.com.br

Livrarias Paulinas
Rua de Santana, 499 – Centro
Tel 98 3232-3068 / 3232-3072
Fax 98 3232-2692
65015-440 – São Luís, MA
fspsaoluis@paulinas.com.br

- **MATO GROSSO**

Editora Vozes Ltda.
Rua Antônio Maria Coelho, 197A
Tel 65 3623-5307 | **Fax** 65 3623-5186
78005-970 – Cuiabá, MT
vozes54@uol.com.br

- **MINAS GERAIS**

Editora Vozes Ltda.
Rua Sergipe, 120 – loja 1
Tel 31 3048-2100 | **Fax** 31 3048-2121
30130-170 – Belo Horizonte, MG
vozes04@uol.com.br

Rua Tupis, 114
Tel 31 3273-2538 | **Fax** 31 3222-4482
30190-060 – Belo Horizonte, MG
vozes32@uol.com.br

Rua Espírito Santo, 963
Tel 32 3215-9050 | **Fax** 32 3215-8061
36010-041 – Juiz de Fora, MG
vozes35@uol.com.br

Livrarias Paulinas
Av. Afonso Pena, 2142
Tel 31 3269-3700 | **Fax** 31 3269-3730
30130-007 – Belo Horizonte, MG
livbelohorizonte@paulinas.com.br

Rua Curitiba, 870 – Centro
Tel 31 3224-2832 | **Fax** 31 3224-2208
30170-120 – Belo Horizonte, MG
gerencialivbelohorizonte@paulinas.com.br

- **PARÁ**

Livrarias Paulinas
Rua Santo Antônio, 278 – Bairro do Comércio
Tel 91 3241-3607 / 3241-4845
Fax 91 3224-3482
66010-090 – Belém, PA
livbelem@paulinas.com.br

- **PARANÁ**

Editora Vozes Ltda.
Rua Pamphilo de Assumpção, 554 – Centro
Tel 41 3333-9812 | **Fax** 41 3332-5115
80220-040 – Curitiba, PR
vozes21@uol.com.br

Rua Emiliano Perneta, 332 – loja A
Telefax 41 3233-1392
80010-050 – Curitiba, PR
vozes64@uol.com.br

Livrarias Paulinas
Rua Voluntários da Pátria, 225
Tel 41 3224-8550 | **Fax** 41 3223-1450
80020-000 – Curitiba, PR
livcuritiba@paulinas.com.br

Av. Getulio Vargas, 276 – Centro
Tel 44 3226-3536 | **Fax** 44 3226-4250
87013-130 – Maringá, PR
livmaringa@paulinas.com.br

- **PERNAMBUCO, PARAÍBA, ALAGOAS, RIO GRANDE DO NORTE E SERGIPE**

Editora Vozes Ltda.
Rua do Príncipe, 482
Tel 81 3423-4100 | **Fax** 81 3423-7575
50050-410 – Recife, PE
vozes10@uol.com.br

Livrarias Paulinas
Rua Duque de Caxias, 597 – Centro
Tel 83 241-5591 / 241-5636 | **Fax** 83 241-6979
58010-821 João Pessoa, PB
livjpessoa@paulinas.com.br

Rua Joaquim Távora, 71
Tel 82 326-2575 | **Fax** 82 326-6561
57020-320 – Maceió, AL
livmaceio@paulinas.com.br

Rua João Pessoa, 224 – Centro
Tel 84 212-2184 | **Fax** 84 212-1846
59025-200 – Natal, RN
livnatal@paulinas.com.br

Rua Frei Caneca, 59 – Loja 1
Tel 81 3224-5812 / 3224-6609
Fax 81 3224-9028 / 3224-6321
50010-120 – Recife, PE
livrecife@paulinas.com.br

• **RIO DE JANEIRO**

Editora Vozes Ltda.
Rua 7 de Setembro, 132 – Centro
Tel 21 2215-0110 / **Fax** 21 2508-7644
20050-002 – Rio de Janeiro, RJ
vozes42@uol.com.br

Rua Frei Luis, 100 – Centro
Tel 24 2233-9000 | **Fax** 24 2231-4676
25669-900 – Petrópolis, RJ
vendas@vozes.com.br

Livrarias Paulinas
Rua 7 de Setembro, 81-A
Tel 21 2232-5486 | **Fax** 21 2224-1889
20050-005 – Rio de Janeiro, RJ
livjaneiro@paulinas.com.br

Rua Dagmar da Fonseca, 45 Loja A/B – Madureira
Tel 21 3355-5189 / 3355-5931
Fax 21 3355-5929
21351-040 – Rio de Janeiro, RJ
livmadureira@paulinas.com.br

Rua Doutor Borman, 33 – Rink
Tel 21 2622-1219 | **Fax** 21 2622-9940
24020-320 – Niterói, RJ
livniteroi@paulinas.com.br

Zélio Bicalho Portugal Cia. Ltda.
Rua Marquês de S. Vicente, 225 – PUC
Prédio Cardeal Leme – Pilotis
Telefax 21 2511-3900 / 2259-0195
22451-041 – Rio de Janeiro, RJ

Centro Tecnologia – Bloco A – UFRJ
Ilha do Fundão – Cidade Universitária
Telefax 21 2290-3768 / 3867-6159
21941-590 – Rio de Janeiro, RJ
livrarialianca@prolink.com.br

• **RIO GRANDE DO SUL**

Editora Vozes Ltda.
Rua Riachuelo, 1280
Tel 51 3226-3911 | **Fax** 51 3226-3710
90010-273 – Porto Alegre, RS
vozes05@uol.com.br

Livrarias Paulinas
Rua dos Andradas, 1212 – Centro
Tel 51 3221-0422 | **Fax** 51 3224-4354
90020-008 – Porto Alegre, RS
livpalegre@paulinas.com.br

• **RONDÔNIA**

Livrarias Paulinas
Rua Dom Pedro II, 864 – Centro
Tel 69 3224-4522 | **Fax** 69 3224-1361
78900-010 – Porto Velho, RO
livportovelho@paulinas.com.br

• **SANTA CATARINA**

Editora Vozes
Rua Jerônimo Coelho, 308
Telefax 48 3222-4112
88010-030 – Florianópolis, SC
vozes45@uol.com.br

• **SÃO PAULO**

Distribuidora Loyola de Livros Ltda.
Vendas no Varejo
Rua Senador Feijó, 120
Telefax 11 3242-0449
01006-000 – São Paulo, SP
senador@livrarialoyola.com.br

Rua Barão de Itapetininga, 246
Tel 11 3255-0662 | **Fax** 11 3231-2340
01042-001 – São Paulo, SP
loyola_barao@terra.com.br

Rua Quintino Bocaiúva, 234 – Centro
Tel 11 3105-7198 | **Fax** 11 3242-4326
01004-010 – São Paulo, SP
atendimento@livrarialoyola.com.br

Editora Vozes Ltda.
Rua Senador Feijó, 168
Tel 11 3105-7144 | **Fax** 11 3105-7948
01006-000 – São Paulo, SP
vozes03@uol.com.br

Rua Haddock Lobo, 360
Tel 11 3256-0611 | **Fax** 11 3258-2841
01414-000 – São Paulo, SP
vozes16@uol.com.br

Rua dos Trilhos, 627 – Mooca
Tel 11 2693-7944 | **Fax** 11 2693-7355
03168-010 – São Paulo, SP
vozes37@uol.com.br

Rua Barão de Jaguara, 1097
Tel 19 3231-1323 | **Fax** 19 3234-9316
13015-002 – Campinas, SP
vozes40@uol.com.br

Livrarias Paulinas
Rua Domingos de Morais, 660 – Vila Mariana
Tel 11 5081-9330 | **Fax** 11 5081-9366
04010-100 – São Paulo, SP
livdomingos@paulinas.com.br

Rua XV de Novembro, 71
Tel 11 3106-4418 / 3106-0602
Fax 11 3106-3535
01013-001 – São Paulo, SP
liv15@paulinas.com.br

Av. Marechal Tito, 981 – São Miguel Paulista
Tel 11 6297-5756 | **Fax** 11 6956-0162
08010-090 – São Paulo, SP
livsmiguel@paulinas.com.br

• **PORTUGAL**

Multinova União Liv. Cult.
Av. Santa Joana Princesa, 12 E
Tel 00xx351 21 842-1820 / 848-3436
1700-357 – Lisboa, Portugal

Distribuidora de Livros Vamos Ler Ltda.
Rua 4 de infantaria, 18-18A
Tel 00xx351 21 388-8371 / 60-6996
1350-006 – Lisboa, Portugal

Editora Vozes
Av. 5 de outubro, 23
Tel 00xx351 21 355-1127
Fax 00xx351 21 355-1128
1050-047 – Lisboa, Portugal
vozes@mail.telepac.pt

Este livro foi composto nas famílias tipográficas
New Caledonia e *Syntax*
e impresso em papel *Offset 75g/m²*

Edições Loyola

editoração impressão acabamento

rua 1822 nº 347
04216-000 são paulo sp
T 55 11 2914 1922
F 55 11 2063 4275
www.loyola.com.br